技术创新管理：
新时代中国企业技术引进良性发展之路

汪和平　刘新跃　张洪亮　著

机械工业出版社

在创新驱动发展战略背景下，如何提高我国企业技术管理水平、促进企业形成技术引进良性发展模式，是提升企业创新能力、促进企业转型发展的重要课题。本书共分为 8 章，综合运用生态学、博弈论、系统学等相关理论与知识，在研究了技术消化吸收的限制因子及技术消化吸收的本质的基础上，构建了技术消化吸收的知识生态运作体系，以及促进技术消化吸收的新模式——奔流创新，并对技术引进良性循环发展的机制进行了探讨。

总之，本书不仅对如何开展技术消化吸收进行了系统研究，还丰富了技术创新的方法与路径，可为技术创新理论研究者以及企业中从事技术创新的科技人员提供范式参考。

图书在版编目（CIP）数据

技术创新管理：新时代中国企业技术引进良性发展之路/汪和平，刘新跃，张洪亮著 . —北京：机械工业出版社，2018. 12

ISBN 978-7-111-61203-2

Ⅰ. ①技… Ⅱ. ①汪… ②刘… ③张… Ⅲ. ①企业管理 – 技术引进 – 研究 – 中国 Ⅳ. ①F279. 23

中国版本图书馆 CIP 数据核字（2018）第 243646 号

机械工业出版社（北京市百万庄大街 22 号 邮政编码 100037）
策划编辑：林 辉 责任编辑：林 辉 舒 宜 商红云
责任校对：李 杉 张 薇 封面设计：张 静
责任印制：孙 炜
天津翔远印刷有限公司印刷
2018 年 12 月第 1 版第 1 次印刷
169mm×239mm·10. 25 印张·2 插页·191 千字
标准书号：ISBN 978-7-111-61203-2
定价：69. 00 元

凡购本书，如有缺页、倒页、脱页，由本社发行部调换
电话服务 网络服务
服务咨询热线：010-88361066 机 工 官 网：www. cmpbook. com
读者购书热线：010-68326294 机 工 官 博：weibo. com/cmp1952
010-88379203 金 书 网：www. golden-book. com
封面无防伪标均为盗版 教育服务网：www. cmpedu. com

序

    当今时代是科学技术快速发展的时代，科学技术是第一生产力，是一个国家前进发展的重要衡量指标。科技创新水平的高低，决定了一个国家是否能够摆脱经济落后，能否成功提高本国的综合国力。

    近年来，汪和平和他的团队不断探索我国企业技术创新的途径和方法，提出了一些新的思路和理念。经过几次学术会议上的交流和讨论，使我对他的研究工作产生了兴趣。现在，他把该方向的研究成果加以汇集和整理，撰写成书。应汪和平老师的邀请，我决定为这本书写几句话。

    党的十九大报告中提出了中国发展新的历史方位——中国特色社会主义进入了新时代。十九大报告中对加快建设创新型国家，提升技术创新能力提出了明确要求。在这种时代背景下，技术创新之路如何更顺畅高效也是我国发展面临的一个重要课题。在中国经济提档升级的关键时期，加快科技创新的需求十分紧迫，技术引进是提高国家技术水平的重要手段，也已成为我国企业提高经济发展水平的重要推动力。作者结合自身近年来的研究，从全新的理论视角，对技术引进、消化、吸收、创新进行了全面的分析，为新形势下我国技术创新提供了新的理论支撑。

    本书以技术引进消化吸收和再创新为重点研究内容，综合运用生态学、博弈论、系统科学等相关知识和理论，探讨我国技术引进消化吸收的路径及技术创新的模式，取得的独特性研究成果丰富了消化吸收再创新的理论体系，对后续学者的研究提供了理论参考和借鉴，也为我国企业提高技术引进消化吸收能力提供了新的思路。相信随着对技术引进消化吸收再创新理论研究的不断深入，必将会有越来越多的优秀成果涌现，从而更好地推动我国企业的技术进步。

前　言

科学技术是一个国家强盛之基，是推动整个社会经济发展强有力的动力，而科学技术创新的水平也成为衡量国与国之间经济和综合水平的重要指标。党的十九大报告提出"加快建设创新型国家"，明确"创新是引领发展的第一动力，是建设现代化经济体系的战略支撑"。技术引进作为提高我国先进技术水平的重要手段，对经济发展起着巨大的推动作用。

技术引进消化吸收再创新是企业在技术引进基础上，通过引进的技术进行学习、模仿和借鉴，从而形成企业独具特色的新技术、新工艺或者新产品的一种创新活动。技术引进消化吸收再创新是缩小我国企业与发达国家先进企业技术差距的重要手段，对推动我国的产业技术转移、建立新的完整系统的技术体系作用重大；同时它也是技术后发国家发挥自身优势、追求技术进步，最终实现技术赶超的关键。然而在我国技术引进工作中，技术引进消化吸收再创新能力表现得不尽如人意，这是一个不容回避的事实。

本书综合运用基于生态学、博弈论、系统学等相关理论和知识，采用理论分析和实际案例相结合、定性分析和定量研究相结合以及模型构建的方法，系统分析和研究了我国技术引进消化吸收及创新体系，具有重要的理论意义和实用价值。主要研究的内容和结论如下：

1）对影响技术消化吸收能力的重要因素进行了综合评价。在对指标体系构建的基础上，结合文献查阅和实地访谈，用数理统计的方法对影响我国企业技术引进消化吸收的定性指标因素进行定量分析，为企业开展技术消化吸收工作提供理论依据。

2）对技术消化吸收存在的限制因子进行了较全面的搜索，并对其作用机理进行了分析。对技术引进这一复杂系统，本书在对数控机床限制因子调查的基础上，应用 IDEF0 方法作为查找技术消化吸收中限制因子的工具，从层次理论的角度来分解技术引进的复杂系统，挖掘出了在我国技术引进消化吸收过程中存在的限制因子，并对其作用机理进行了分析，为搞好消化吸收工作打下了基础。

3）对技术消化吸收的本质进行了研究。为了对技术消化吸收进行研究，研究者应首先弄清其本质，这具有非常重要的意义。因此本书在对技术消化吸收的概念及其系统构成研究的基础上，在知识生态实践原则的指导下，得出了在企业知识生态系统中，技术消化吸收的本质是知识内化的结论。

4) 建立了技术消化吸收的知识生态运作体系，即做好技术消化吸收工作的三大步骤：风险决策、操作模式和效果动态定量评价。本书首先通过对技术消化吸收可能存在的市场风险生态特征，应用博弈论和投资决策理论等方法进行分析，给出了一个能否进行技术消化吸收的决策模型；然后应用企业知识生态系统的有关理论，研究了企业进行技术消化吸收的操作模式；最后针对目前国内外对引进技术消化吸收的绩效，以及实行"静态"评价的不足，应用相似系统的理论，构建了引进技术消化吸收实时动态定量评价模型。

5) 提出了基于技术消化吸收基础上的奔流创新这种新的创新模式。社会经济的发展需要技术创新，而创新之难是一个无需争辩的事实。本书应用生态位分离理论，构建了一个可实现技术超越的奔流创新模式，对技术引进企业在创新上有一定的借鉴作用。

6) 对引进技术良性循环发展的机制进行了研究。在企业知识生态可持续发展理论的基础上，从政府和企业的职责范围两个角度研究了保障引进技术良性循环的机制。

本书可作为EMBA、MBA和管理类研究生、高年级本科生了解技术创新管理现状与趋势的读物，也可作为企业技术创新管理人员、高层管理者及技术创新管理研究者的参考资料。

在本书的编写过程中，编者参阅了国内外相关文献资料，主要参考资料已列在参考文献中，在此对国内外有关同行一并表示感谢。

编　者

目　　录

第 1 章

绪　　论

1.1　研究背景

创新是一个民族进步的灵魂，是一个国家发展的不竭动力，面对新时代下的竞争与挑战，弘扬创新精神对于我国的繁荣富强和民族复兴具有重要意义。科技创新是国家创新体系的重要组成部分，同时也是驱动经济高质量发展的重要引擎。国家间的经济竞争、综合国力竞争，在很大程度上表现为科学技术竞争。发展中国家也应跟上发达国家的步伐，加快科技创新战略的实施。2016 年 3 月 16 日中华人民共和国全国人民代表大会和中国人民政治协商会议授权发布《中华人民共和国国民经济和社会发展第十三个五年规划纲要》，纲要多次强调科技创新的重要性。2016 年 5 月 19 日，中共中央、国务院印发《国家创新驱动发展战略纲要》，在创新驱动是引领发展的第一动力的战略背景下，提出并强调科技创新必须摆在国家发展全局的核心位置。

现阶段，技术引进已成为我国企业提高经济发展水平的重要手段，对引进技术进行消化吸收以及再创新对国家的经济发展更是至关重要。但是我国现阶段的技术引进仍停留在以引进生产手段和设备为目的的层次上，而对引进技术的消化吸收是个很大的短板。若这种情况得不到改善，长此以往，我国企业的产业技术进步将陷入"引进—落后—再引进—再落后"的怪圈，与发达国家的差距将会进一步扩大。近年来，我国政府和企业对技术引进的消化吸收能力日益关注，比如，政府为了鼓励技术引进提高消化吸收能力，采取相关政策并且给予相应的财政支持，但是我国企业的技术引进消化吸收能力依然远远比不上发达国家。

为提升企业技术引进消化吸收能力，增强企业创新发展的动力，本研究以生态因子理论为指导，给出了技术消化吸收限制因子的识别方法——IDEF0 分析方法，并对我国数控机床行业进行了案例研究，阐明了该方法的应用过程，给出了该行业进行技术消化吸收的限制因子，并对限制因子的作用机理进行了分析；然后，本研究对技术消化吸收的本质进行了探究，构建了高效的企业知识生态系统技术消化吸收的运作机制；技术引进消化吸收的终极目的是创新，为促进企业技术创新，本研究以生态位理论为指导，给出了我国技术创新的新模式——奔流创新模式；最后本研究应用可持续发展理论，提出了技术引进消化吸收再创新的良性循环机制，为我国企业提升技术引进吸收的效果提供有价值的借鉴与指导。

1.2 相关研究成果综述

技术的消化吸收不仅仅为中国这样的发展中国家所需要，发达国家如美国、德国等，即使是今天也同样需要对某些引进技术进行消化吸收。但国外对技术消化吸收没有较完整的提法，如果要追溯其源头，应该是在技术转移（Technological transfer）中，提到的技术学习（Technological learning）与知识内化（Knowledge internalization）之类专用词语与之对应[1-2]。

1.2.1 国外对技术转移的研究现状

1. 技术转移的概念

技术转移[3-4]是指作为生产要素的技术，通过有偿或无偿的途径，从一国向另一国的转移活动。它涉及跨国界或跨地区的技术合作、援助、交流、贸易、输出以及输入等。技术转移首次提出是在1964年第一届联合国贸易发展会议上，会议把国家之间的技术输入与输出统称为技术转移。在技术转移的理论研究中，由于对技术转移、技术扩散、技术转化和技术转让的英文翻译的不同，曾一度带来了概念使用方面的混乱，也在一定程度上阻碍了技术转移研究在我国的发展。随着研究的进一步深入，在20世纪90年代中后期，学术界达成共识：将技术的时空传播称为技术扩散；从实验室向生产单位的技术转移称为技术转化；技术所有人将使用权授予他人的活动称为技术转让，而所有这些统称为广义上的技术转移。Bozeman认为知识转移和技术转移通常是很难完全区分的，如果将知识转移定义为"科学家将科学知识用于未来的科学"，技术转移定义为"科学家和其他人员将科学知识用于新的应用"，那么在技术转移的文献中大多采用的是后者的定义。

2. 技术转移理论体系的研究

当前，国际技术转移理论还没有形成完整的体系，仍处于初创阶段。自20世纪60年代以来，随着国际技术转移的加速发展，国际上的一些学者（主要是西方学者）从不同角度和不同层次对国际技术转移的机制和政策提出了若干理论，如技术传播理论、技术转移均衡理论、需求资源（NR）关系理论、技术差距理论、技术转让选择理论、技术转让内部化理论和技术转让周期理论等。这些理论之间虽然缺乏有机联系，但具有构造国际技术转移独立理论体系的趋势。本章简单介绍前三个理论，后面四个理论作为技术引进的基本理论在第 2 章进行专门介绍。

（1）技术传播理论　国外学者对技术转移的研究，大多从国内技术传播的研究视角入手，20 世纪以来，一些学者开始对传播的手段和作用等进行了一系列的探讨。Rogers E. M. [5] 认为技术传播是出于社会复杂系统内的组织或者个体，在有限的时间内，通过一定的传播渠道对技术创新知识进行传递并采用的过程。

法国社会学家塔尔德在 1904 年首次提出了"S 形传播理论"，认为模拟是重要的传播手段，而且在传播过程中，模拟者的比率呈 S 形曲线。进入 20 世纪 60 年代，技术传播理论的研究出现了转折，主要表现在两个方面：第一，技术传播理论的研究开始突破国界，走向国际化，尤其是对发展中国家的传播研究十分活跃；第二，传播理论的研究突破了社会学范畴，而成为经济学的研究对象。曼斯德菲尔德第一次对工业领域的技术传播问题进行了研究，并且认为工业技术传播的快慢取决于企业规模、新技术的预期利润率和企业增长率等因素[6]。

（2）技术转移均衡理论　James D. D. 认为，技术交易转让的客体是无形资产，诸如商标、设计和经营管理经验等。这些无形资产可同有形的商品一样，成为发达国家已经成熟的产品，在这样的构架下，技术转移将导致资本边际产出率下降，资本流出。而技术转移形成的资本流动，能在较低的资源成本下生产某些新产品，有助于全球性生产要素的合理配置，使生产要素市场都达到均衡状态[7]。Enos J. L. 的均衡论则认为，技术转移不利于缩小南北差距。这种理论认为，虽然整个世界劳动生产率都将因技术转移而得到提高，从而提高南北双方的生活福利水平，但它仍要求两者保持一定差距，发展中国家将永远落后于发达国家[8]。

（3）需求资源（NR）关系理论　日本学者斋藤优于 1979 年出版了他的专著《技术转移论》，提出了阐述国际技术转移的新理论"NR 关系假说"。后来他在新的专著《技术转移的国际政治经济学》中把这种"假说"作为一种理论加以运用。斋藤优认为，一个国家发展经济及对外经济活动，受该国国民的需求（Need）与该国的资源（Resource）关系的制约，这种关系即为 NR 关系。为要满足需求（N），需要何种程度的资源（R），即手段、技术、资本、劳动力和原材料等与之相适应是一个重要问题[9]。当能筹集足够的资源来满足需求时，NR 关系就不成为问题。倘若现状不足以满足需求，形成所谓"瓶颈"，NR 关系就成了关键问题，需要设法解决，否则经济发展就会受挫。NR 关系不适应正是国际技术转移的原因，也是促进技术创新的动力[10]。技术创新无疑能弥补资源的种种不足，新技术的出现能够节约资本、劳动，能够节约原材料或者改用另一种来源丰富的原材料，甚至创造出新的原材料，资源就能适应需求。需求与资源的关系，通过技术转移不断地得到改善，但在解决旧矛盾的同时，又不断地萌发出新的问题，由此不断地推动技术转移向高层次方向发展。

3. 技术转移其他方面的研究

到目前为止，管理学的学者们研究技术转移最多。Zhao 和 Reisma 重点关注了技术转移的阶段，尤其是设计、生产、销售和转移等阶段；而 Rabin、Chiesa 和 Manzini 则较关注技术在部门内部的转移；Laamanen、Autio、Lambe 和 Spekman则主要研究了技术转移和战略之间的关系；Hagedoorn 和 Niosi 等则研究了企业间的联盟，以及联盟如何去适应技术转移的发展；而 Ziss 和 Kapur 等学者利用博弈分析模型，对厂商间的技术转移和扩散以及相互合作进行了深入研究；Klibanoff 和 Morduch 也研究了厂商间的技术扩散、分散化、外在性以及效率问题；Blomstrom 的研究显示，当地必须有训练有素的劳动力、良好的基础设施和投资环境，才能保证技术在当地的有效转移；另外，Kokko 和 Demello 研究指出，假如技术领先者和技术接受者之间的技术差距不明显，技术转移和扩散就不会受到阻碍。

1.2.2　技术消化吸收的研究现状

对技术消化吸收的研究，目前国外主要集中在以下几方面：

1. 技术消化吸收能力的概念

Abramowitz[11]等使用著名的"追赶假说"来解释技术后进国家通过技术追赶缩小与技术先进国家经济发展的差距，而且 Abramowitz 认为社会能力是实现技术追赶的前提，包括所有能够促进新技术模仿或利用的因素，如基础设施、人才、完善的金融体制和劳动市场关系等。Mathews[12]等认为技术追赶存在宏观层面和微观层面的概念之分。从宏观上来说，技术追赶是指后发国家与先发国家在技术主体上存在的差距，通过一段时间的技术努力，技术后进国家缩小或消除与技术先进国家的差距。而从微观上来讲，技术后进的企业进入时间较晚，与技术先发企业相比，其相关技术范式、具备技术基础等还不够成熟，此外后发企业由于自身资源有限，加之其缺少研发投入、研发周期过长等，技术追赶就成了后发企业发展的重要战略手段。

Levinthal 和 Cohen[13]对"吸收能力"的定义，得到了理论界的认同并在实际研究中获得广泛的应用。此后，"吸收能力"被认为是 20 世纪以来组织研究领域最重要的议题之一。"吸收能力"是指企业自身所具备的发现新信息、获取新信息并将新信息进行技术消化吸收，最终形成一种能力和价值，企业研发投入的作用包括两个方面：①直接促进了技术进步；②增强了企业对外部技术的吸收、学习和模仿，增强了企业的外部技术吸收能力[14]。

在 Cohen 和 Levinthal 之后，仍有不少学者陆续地对吸收能力进行不同角度的定义[14]。比如 George[15]等认为吸收消化能力是一系列过程和规则的统一，并在加入"策略联盟"因素的基础上，从技术引进、吸收、转化和研发四个方面对技术消化吸收能力进行了全面界定。Zahra 和 George[16]通过对相关文献的整理，提出了"重构吸收能力"的概念，认为吸收能力可分为潜在吸收能力与实际吸收能力两个维度，前者包括获取和同化外部知识的能力，后者突出转化和利用知识的能力。Nonaka 和 Toyama[17]则认为吸收能力就是通过结合自身的先验知识和对新知识的掌握，从而创造出新知识的能力。Narula[18]认为吸收不仅仅只是简单地模仿，吸收的重点在于对外部知识的消化吸收进而与内部知识进行整合，从而产生新的知识。Todorova 和 Durisin[19]则不太认同 Zahra 和 George 对于吸收能力的定义，他们认为 Zahra 和 George 对吸收能力的定义不仅模糊不清且存在严重的漏洞。因而，Todorova 和 Durisin 构建了一个新的动态反馈模型来评价企业的吸收能力。Levaba[20]等在沃纳菲尔特提出的资源基础理论的基础上，对吸收能力提出了自己的观点，他用存量和流量两个概念区别对待组织的吸收能力，并通过实证表明了存量的吸收能力会对组织的竞争力和绩效产生一定的影响。

2. 消化吸收能力的研究

技术转移的效果可以通过消化吸收能力（Absorptive Capacity）来体现。广义上的消化吸收能力，从企业方面来看，引进企业应具备为掌握引进的技术所必需的技术力量、资金、各种物质条件以及管理能力等。从政府方面来看，引进国家还应具有配套的技术力量、资源环境、基础设施条件，以及相应的金融、法律环境、社会文化背景等。

关于如果一个企业想从跨国公司技术转让中获益，是否应先具备一定的原始的生产力和消化吸收能力，对此经济理论界曾有一场辩论。Lapan 和 Bardhan[21]等认为：有一定的消化吸收能力是技术转让获益的前提；而 Cohen 和 Levinthal[22]等坚持认为：提高研究和发展（R&D）活动可以间接地培养转让获益能力；Das G. G.[23]认为：政府的因素和社会的制度等相互配合，都会对吸收能力起到非常重要的作用，而并非企业一厢情愿就能做好的事；Mohamed A. S.[24]等认为：技术的吸收能力主要依赖于企业技术上和组织上的能力。

3. 技术消化吸收的研究

Andrea Morrison[25]等认为：在技术与信息相互结合的情况下，技术动态的学习能力，比实际的操作能力显得更为重要；Simonin B. L.[26]等也认为，要让转移技术真正成为自己的技术，最好的办法就是学习；Kajogbola D. O.[27]在信息技术对尼日利亚技术发展作用的阐述中，就提到对引进技术的学习和破解，需要有资金和工程技术人员的扶植，强调资金和人才对掌握引进技术的重要性。

另外，Kim 和 Dahlman[28]等认为：在没有有效的资本市场，特别是风险资本市场的情况下，资本与技术的结合是受阻的，市场的缺位使得政府必须发挥主导作用，政府应在建立起有效的资本与技术市场后再行退出，在资本市场尚未充分发展的情况下，政府更应加大对技术消化吸收的引导与促进。

哈佛商学院 Leonard-Barton D.[29]等，详细分析了技术能力转移的四个层次：装配、零部件的调整和本地化、产品再设计、自立的产品设计，根据技术转移中隐性技术知识转化（内化）过程所涉及的要素，可以将技术转移中隐性知识转化的障碍因素分为：隐性知识本身特性的障碍因素、技术转移方式的障碍因素、技术提供方的障碍因素、技术采用方的障碍因素四类。

4. 技术消化吸收能力影响因素的研究

引进技术的消化吸收能力决定了企业经济发展水平以及创新水平，因而，分析探讨影响企业技术吸收能力的因子是至关重要的，这些限制企业技术消化能力的因子也在一定程度上影响着企业的技术创新，进而影响企业的发展。所以，我们有必要对技术吸收能力的影响因素进行归纳总结，从而最大限度地发挥技术消化吸收能力对企业技术创新的重大引导作用。技术消化吸收能力影响因素的研究主要包括以下五个方面：

（1）研究和发展（R&D）与技术消化吸收能力的研究　Griffith、Redding 和 Reenen[30]认为一个经济内部的 R&D 支出可以改善技术能力和向外部知识学习的能力，这两个作用即所谓"R&D 的两面"。也就是说，如果想要模仿国外的先进技术，则该国家扩散效应的大小取决于其技术吸收能力水平的高低。Cohen 和 Levinthal[31]第一次对 R&D 与技术吸收能力进行了详细的阐述和解释，他们认为企业可以借助 R&D 来增强其在引进的技术消化吸收和创新方面的能力，企业研发投入对企业技术消化吸收能力影响重大。

Levinthal 和 Cohen[32]则强调企业的研究和发展（R&D），影响着企业的技术消化吸收能力，强调企业的 R&D 投入，有利于技术吸收能力的提高以及从外部获取一定的收益。可见，R&D 被认为是影响企业技术吸收能力的关键决定因素。

此后，不少学者采取不同的方法试图对这个观点进行验证，比如，Kinoshita[33]为探讨 R&D 两面的影响，以 1995 年 ~1998 年捷克企业为例，利用 R&D 支出来代表吸收能力，得出以下四个结论：①在解释企业生产率增长方面，R&D 的学习效果比 R&D 的创新效果更为重要；②外商直接投资的技术溢出效应主要突出集中于研发密集型企业；③外国合资企业的溢出效应对捷克制造企业来说是微不足道的；④在寡头垄断行业的技术外溢程度（电气机械及广播电视）比在非垄断行业（食品、非金属矿物等制造）的技术外溢程度大。以上四个实证结论都表明了东道国的 R&D 支出与外国直接投资（FDI）扩散效应存在显著的正相关关系。

Griffith、Redding 和 VanReenen 也以 R&D 支出作为吸收能力的代表性因素来考察吸收能力对生产率增长的作用，他们对 12 个经济合作与发展组织（OECD）国家的企业进行实证研究，发现除了传统的刺激创新的作用之外，R&D 还提高了技术转移即技术吸收能力。在技术追赶和创新的过程中，R&D 在统计上和经济上都很重要，此外人力资本在生产率增长中也起着重要作用，但是只存在一小部分贸易效应，由此证明了 R&D 对技术的追赶和创新都很重要。

Cohen 和 Levinthal 的研究曾设想一个企业或组织是否可以从外部购买吸收能力。然而通过研究最终表明，这种考虑和设想是有一定的时效性，特别是对于那些购买吸收能力的组成成分，由于这些组成成分影响着产品的创新，往往会因为购买行为而与组织不能快速地融为一体，阻碍了企业的发展。Hung 和 Tang[34] 也认为，从外部购买或委托外部组织实施得到 R&D 虽然可以在一定程度上刺激企业的技术消化吸收能力，但它并不能完全替代内部的 R&D 活动。

以上学者从 R&D 两面性进行的研究表明，内部的 R&D 支出是决定吸收能力大小的关键因素。反过来我们也可以推断出购买外部的 R&D 可以提高经济的吸收能力，但是这种对经济吸收能力的提高必须在一定的前提下才能成立，前提是企业具有一定的技术吸收能力。

（2）人力资本与技术吸收能力 不少学者认为，R&D 活动是影响吸收能力的决定因素；此外，也有不少学者认为，与技术吸收过程有关的人力资本才是决定技术吸收能力最关键的因素。

Caselli 和 Coleman[35] 认为一个地区的吸收能力与其人力资本的质量相关，而 Griffith、Redding 和 Simpson[36] 则认为技术吸收能力和地区的教育水平密切相关。Borensztein 和 Lee 把人力资本积累作为吸收能力的一个测度，这是第一篇考虑吸收能力对吸收物化在 FDI 技术中的影响的文献，他们发现通过 FDI 的技术扩散是与人力资本水平紧密联系在一起的，从而验证了东道国吸收能力的重要性。Xu[37] 的研究也表明了以人力资本代表的吸收能力在技术扩散中的重要地位。他发现，相对富裕的国家比相对贫穷的国家从技术扩散中获益更多的原因在于人力资本的差异。Furman 和 Hayes[38] 的研究强调了人力资本投资在提高国内创新能力方面的重要作用。

Falvey[39]曾分析了用 25 年的历史面板数据，结果表明教育水平的高低对进口国的收益有一定的影响，而且教育水平越高进口国获得的收益越多。这一结果表明，进口国的教育水平影响着技术引进消化吸收能力的高低。

Liu 和 Buck[40]运用面板数据的方法，以国内企业中科学家和技术员占全部雇员的比例来代表吸收能力，利用我国连续五年的高新技术产业的数据，实证研究了不同技术溢出渠道对中国高新技术产业创新绩效的影响。结果表明，中国高新技术企业的创新能力和进口技术之间虽然存在着正相关的关系，但只是简单的弱相关关系。这又从另一方面反映了国内企业对引进的技术进行消化和吸收需要借助工程师和科学家的力量，也表明了企业技术吸收能力的大小显著影响技术扩散效果的大小，即仅是外国 R&D 的高水平并不能使外国 R&D 活动对本土企业产生较大的扩散。中国高新技术产业的创新绩效是由国际技术溢出源和本国企业自身努力及实力共同决定的。

Kuo 和 Yang[41]对知识资本和溢出效应进行了系统的研究，发现知识资本、R&D 资本和技术进口对区域经济增长贡献显著，具有相似的影响，FDI 的边际扩散效应随吸收能力的改变而变化：在人力资本水平低时，FDI 的边际扩散效应也低，而当人力资本水平提高到另一个高度时，FDI 的扩散效应也随之变高。总的来说，在人力资本积累方面，现有的经验分析大多检验了受过高等教育的劳动力对吸收能力的重要性，但忽视了培训投资的重要性。

众多学者对人力资本水平与吸收技术外溢之间关系的相关研究，在一定程度上表明了较高的人力资本水平会提高组织的技术吸收能力，人力资本水平和技术吸收能力两者具有较强的正相关关系。

（3）金融市场与技术吸收能力　此外，也有学者认为金融市场效率与技术吸收能力有一定的关系，他们也做了一些研究，取得了一定的成果。如 Niels Hermes 和 Robert Lensink[42]建立了一个包含金融部门变量的简单内生经济增长模型，借助最小二乘法，以"银行贷款额"作为衡量金融发展水平的指标，并运用亚、非和拉美共计 67 个国家的数据对金融效率与经济增长之间的关系进行了研究。结果显示，国内金融体系富有效率的国家对经济增长有正的贡献率，而国内金融体系缺乏效率的国家则对经济增长有负的贡献率。

Choong、Yusop 和 Soo[43]采用时间序列数据，将"贷款额"指标作为衡量金融部门发展水平的代理指标，利用技术和误差修正模型，考察探讨了发达国家和东亚国家的外国直接投资（FDI）和经济增长模式。通过实际案例分析以及对比发现，只有当国内金融体系达到最低水平时，外国直接投资的资金流入才能取得长期的技术扩散效果。从短期因果关系模型来看，其中有一个结果惊人的相似，即尽管不同国家的财政政策、工业发展和其他相关因素存在差异，但各国金融业仍存在协同发展的可能性。

（4）文化传统与技术吸收能力 Levinthal D. 和 Cohen M. D.[32]认为文化传统与吸收能力显著相关，一个国家的经济文化传统对该趋于企业经济的吸收能力有重要的影响。Li 和 Chen[44]利用跨部门的巴斯模型对环太平洋的四个国家的耐用品的扩散进行了分析。他们运用估计系数对扩散速率上的国别效应和滞后效应的假设进行了检验，发现不同文化背景的国家在模仿国外先进技术的速率方面存在很大的差异，如美国和韩国，它们在模仿国外先进技术的速率方面差异显著。

Oden[45]认为，从总体上来讲，如果在拥有一种开放的文化传统的同时，个体愿意去调整并去适应某一先进的文化，这种先进开放的文化传统也会最终影响个体对外部环境的感知，Kotter[46]也暗示这种开放先进的文化也会激励个体尽可能地去寻找可能的变化并加以改进，吸收能力自然而然地得到一定程度的提高。

Fagerberg 从反方面提出了自己的看法，他认为如果一个地区的经济不愿意去调整并去适应某一先进的文化，有强烈的排外性，即不喜欢那些来自于外部的思想和见解，不喜欢创新，这就是所谓的 NIH（Not Invented Here）综合征，这种病征终将阻碍创新的发生。

因此，Bosch[47]提出一种新的观点，即 Fagerberg 观点下的文化比较落后和排外，其技术扩散效果与处于先进和创新下文化的技术扩散效果相比，效果较差。

（5）影响技术吸收能力的其他因素 Abramowitz[11]提出，一个国家或者地区如果拥有了完善的基础设施等基本条件，它的技术吸收能力会达到很好的效果，这表明基础设施影响着国家或地区的技术吸收能力。Bruce[48]运用逻辑斯蒂回归分析，结合实际案例，探讨了合作模式下的创新型企业与外部合作伙伴之间的关系，结果表明，互相合作有利于组织自身提高技术吸收能力，从而有助于组织朝着更高层次水平的发展和创新。

以上系统分析了影响技术吸收能力的四个方面，分别是 R&D、人力资本、金融市场、文化传统，书中只是针对其中某个因素对技术吸收能力的影响进行研究分析。实际上，各种影响技术吸收能力的因素并非是独立不相关的，它们有可能共同作用，对吸收能力产生影响。

目前国内对于技术引进消化吸收的研究比较少，在技术消化吸收的英文对应词语的应用上也比较混乱，有 absorption, infusion, assimilation, converting, digestion 和 absorption 等，笔者比较倾向于最后一个，认为它的意义比较确切，对引进技术的学习，应该是消化与吸收两个比较紧凑的过程，单独某一个词很难体现它的内涵。下面就从几个方面，介绍目前国内对于技术消化吸收的研究[49-56]。

1）从发展战略上看，目前对技术消化吸收的研究。国家科技发展战略是一个国家为了加速科学技术发展而制订的总的行动纲领和指导思想框架。从经济学角度看，任何一种行为都有成本和产出，以往我们在计算科技投入时，只是考虑研究与开发（R&D）投入，实际上这是一种误解，忽视了科技发展中的技术引进，低估了科技发展的成本。科技发展不仅包括自主研究与开发，也应该包括从国外引进先进技术。因此，完整的科技投入应该包括所有科技投入，即用于科技的 R&D 直接投入、引进技术投入、引进科技知识的学习性投入、通过各种优惠政策的国家应收却未收的转移支付。引进科技知识的学习性投入包括：派出科技人员到国外进修学习支付、引进技术的消化吸收经费、引进国外专家咨询培训经费等，它们都以获得新知识和新技术为目的。对科技投入的这种经济学核算，有利于分析科技发展的经济学成本与收益。处于不同发展阶段的国家，科技投入产生的宏观经济效果可能存在很大差别。发达国家科技投入的宏观经济效益低于后发国家的原因在于：前者的投资主要用于知识的原创研究与开发，需要的投资数额巨大，风险性较高；后者的投资主要用于适用技术的引进、消化和吸收，投资数额较小，风险也较小。表面上看，发达国家知识外溢，给发展中国家带来了"免费午餐"，但其结果是，发展中国家缺少自主知识产权，经济处于"高增长低发展"的状态。这实际上也是科技发展经济学上的一种"悖论"，即在科技对经济增长作用日益加大的情况下，相对于发展中国家而言，科技投入高的发达国家出现了"高技术低增长"的现象，而科技投入低的发展中国家出现"低技术高增长"的现象。

由上述分析可知：国家科技发展的经济投入效果与其总体科学技术水平和经济阶段有关。当发展中国家与发达国家之间存在较大技术差距时，应该把技术引进、消化和吸收作为科技发展战略的重要内容，这可以提高科技投入的经济效果。但是随着自身科技水平和经济实力的上升，其战略重点应逐步转向对引进技术的创新和自主知识产权的开发上来，这就意味着，一个国家的科技发展战略应该是动态的，随着客观环境的变化而不断进行调整。

2）从区域上看，目前对消化吸收的研究。国内学者对消化吸收的研究主要侧重于对韩国、日本等国家的研究。

对于韩国在技术引进消化吸收方面取得成功的原因，以金麟洙为主的观点认为：一方面，政府早在 1975 年就制定了相关文件，送出大批人员到国外流动学习，从而培育了大量后备人才；另一方面，财团是技术发展中的主导者，在战略制定上具有相对独立性。

对于日本的成功，多数学者认为：从明治维新起，日本就打下了按西方模式建立一套近代国家创新模式的基础，他们非常注重细节，早期就建立技工学校，采取轮训方法进行培训；而从科技层面看，日本在技术创新模式上，与美国存在明显的差异。美国是一种"科学—技术—生产"的创新模式，而日本则是典型的"生产—技术—科学"的创新模式。确切地讲，日本更注重购买、引进技术以后，再针对生产过程进行改进。

哈尔滨工业大学的谢咏梅认为，在中日两国近代技术引进中，政府所扮演的重要角色有差异：日本政府始终积极干预，并引导企业产权结构和组织形式的制度变迁，而中国政府对企业的干预方式则始终保持着对其传统的记忆，本土的惰性阻碍了现代化的进程。

3）从研究内容看，目前国内学者对消化吸收的研究，大致可以归纳为以下几个方面：消化吸收的意义和作用、消化吸收效果不佳的原因分析、消化吸收风险来源分析、消化吸收效果评价、技术生命周期与消化吸收相关性等方面。

① 消化吸收的意义和作用。研究者认为：对引进技术的消化吸收是技术引进的关键。消化吸收是技术创新的基础，只有深刻的消化，才会触发比较和创新，才会稳妥地把握改进的方向。消化吸收的重大作用和意义还在于，它直接关系到引进技术能否尽快地转化为现实产品，能否抢得市场先机、获得超额利润，能否充分发挥技术引进的"后发优势"等，这些观点目前能够被多数研究者认同。

另外，张幼文还认为：搞好消化吸收工作另一个深远的意义在于能让出周边市场（主要指劳动密集型市场）给其他国家和地区，消除彼此间因相互抢夺"饭碗"而起的摩擦。

② 消化吸收效果不佳的原因分析。对引进技术消化吸收效果不佳的原因，研究者们曾进行过多方面的总结，找出如资金不足、技术基础薄弱、人才匮乏、政府的干预能力不够等原因，但他们更多仅限于查找原因，提出可行解决方案的不多，且查找出的原因还不十分全面。如西安财经学院王克西认为：制约我国引进技术消化吸收的主要原因为引进技术的结构、消化吸收资金、宏观管理体制、知识产权保护，并对此提出了一些化解对策，但稍缺操作性。

③ 消化吸收风险来源分析。杨学义认为引进技术的消化吸收风险，主要来自于六个方面：技术风险、市场风险、资金风险、组织风险、决策风险和环境风险。针对消化吸收的高风险特点，他提出解决资金不足的一个可选途径是发展风险投资。风险投资能为企业的技术消化吸收及技术创新提供一个解决资金

的途径。而河南安阳安玻公司的总经理李留恩认为：要搞好消化吸收，必须进行投资体制改革，要求谁贷款，谁还债，这样才能减少风险。

④ 消化吸收效果评价。对于消化吸收效果评价，武汉测绘科技大学袁泽沛、江苏省信息中心的罗程等曾做过一些有益的探讨。

袁泽沛认为：技术引进的目标可以分为宏观战略目标和企业具体目标两部分。每个部分又由六个子目标组成，支持这些子目标的有 24 个指标，形成一个包括三个层次的评价指标体系。为了使引进技术消化吸收效果的评价尽量科学化、定量化，其应用 AHP 分析法，求出各指标对总目标的权值，并运用模糊综合评判法得到了评价引进技术消化吸收的综合评价值；而罗程等借助耗散结构理论，用罗杰斯特方程（Logistic Equation）构造了引进技术消化吸收的评价模型，但他们选定的衡量标准还值得商讨。

⑤ 技术生命周期与消化吸收相关性。在讨论引进技术向现实生产力转化的过程中，曾娟、万君康引入引进技术生命周期的概念。他们认为引进技术的生命周期，是指引进的技术从进入企业到最后被新技术替代而退出企业的过程。这一过程可分成四个阶段：一是技术导入期，即引入的技术进入引进企业的技术试验阶段；二是技术成长期，即引进的技术在引进企业成功应用的阶段；三是技术成熟期，即引进后经消化吸收和创新的技术向国内扩散的阶段；四是技术衰退期，即由于更新技术的使用，替代了旧技术，从而使旧技术逐渐被淘汰的阶段。由于引进技术生命周期的各个阶段有着不同的特点，因此引进技术在向现实生产力转化的过程中，在其不同阶段有不同的特征：技术导入期的特点是，技术引进单位所获效益不明显；技术成长期的特点是，技术引进的效益在引进企业中明显表现出来。在此阶段，企业主要侧重于对引进技术进行消化、吸收和创新，以形成短期垄断优势；技术成熟期的特征是，引进的技术经过引进部门的消化吸收后，已转变成局部企业的现实生产力，并在全国范围内扩散，形成整个国家的自有技术。这一阶段，局部企业获取的效益最大化，已发展成为全社会的效益最大化。技术衰退期的特点是，该项技术处于被后发更先进技术替代的地位，由该项技术产生的经济效益逐步减弱，直至最后被淘汰。

但从实际情况看，技术的生命有其周期性的一面，又有其非周期性的一面。在技术生命周期中的某一点可能出现如图 1-1 所示的三种情况。刘伟钢、曾道先等认为这三种形式的发展是非线性的，很可能产生混沌的现象。

A 形式：B→C

随着 B→D 时间的推移，技术逐渐趋于陈旧直到 D 点，其技术生命已完全丧失。这样的技术，如果耽误了引进的时间，就没有多大的用处了。B′ 点表示技术生命周期中的任意节点，C′ 点表示某技术在时间节点 B′ 时对应的技术优势。

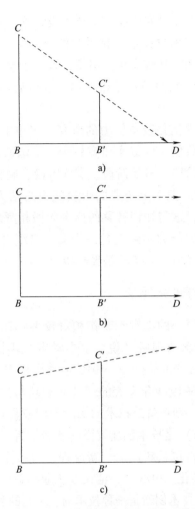

图 1-1 生命周期中技术存在形式示意图

a) A 形式 b) B 形式 c) C 形式

B 形式：B→C

由于不断地改进，随着 B→D 时间的推移，其技术优势仍能保持。这样的技术，可以引进、消化和创新。

C 形式：B→C

由于不断地创新，随着 B→D 时间的推移，其技术优势越来越大，经济效益越来越好。这种技术，要边引进边消化边创新，否则将会落入"引进—落后—再引进—再落后"的怪圈中。

再有，复旦大学的黄丽华和陈文波两位学者，通过案例调查和详细实证分析，从知识视角对复杂信息技术的吸收进行过专门的研究，得出了很多有益的结论，但他们的研究主要是针对组织信息技术吸收方面的。

另外，林虹在对我国引进技术消化吸收的思考中，强调要搞好消化吸收的相关管理工作，主要包括：从政府角度出发，致力于建立有利于技术引进政策，从企业的角度出发，结合共性问题注重技术引进后消化吸收，培养自己的核心技术。

目前国内学者对技术消化吸收能力的研究大多集中在技术吸收能力的影响因素方面，而对技术吸收能力的概念研究较少。王国顺、李清[57]通过研究跨国公司的知识转移的四个阶段（开始阶段、实施阶段、调整阶段和整合阶段），构建了新的知识转移模型，把本土企业的吸收能力总结为识别能力、理解能力、学习能力以及运用能力，这与知识转移的四个阶段相呼应。王雎等[58]则从组织间合作的角度，认为吸收能力实际上是一个关于组织自身吸收能力和组织间关系的函数，为组织提供战略上的指导是吸收能力的真正的价值。

1.2.3 技术再创新的研究现状

对于创新的研究，国外的文章和著作相对较多，真可谓仁者见仁、智者见智。就拿对技术创新概念的理解来说，很多学者从不同的角度对其进行了定义[59-62]。继熊彼特（J. A. Schempeter）1912 年首次提出创新的概念之后，厄特巴克（J. M. Utterbacl）在 1974 年发表的《产业创新与技术扩散》中指出："与发明或技术样品相区别，创新就是技术的实际采用或首次应用"。英国的科技政策专家弗里曼（C. Fremr）是技术创新方面的著名学者，他曾提出，从经济学的意义上讲，技术创新是指包括新产品、新过程、新系统和新装备等在内的，技术向商业化实现的首次转化。1973 年，他在《工业创新中的成功与失败研究》中再次与众不同地指出："技术创新是一种技术的、工艺的和商业化的全过程，其导致新产品的市场实现和新技术工艺与装备的商业化应用"。20 世纪 60 年代，美国国家科学基金会（NSF）发起组织了对技术变革和技术创新的研究。其中的两位主要倡议者和参与者——迈乐斯（S. Myers）和马奎斯（D. G. Marquis），在 1969 年的研究报告《成功的企业创新》中，将创新定义为技术变革的集合，认为技术创新是一个复杂的活动过程，从新思想和新概念开始，通过不断地解决各种问题，最终使一个有经济价值和社会价值的新项目得到实际的成功应用。

而国外关于技术消化吸收再创新方面，相关的研究也不多。经文献研究发现，与消化吸收关系较为紧密的、有代表性的创新研究有以下几例：英国经济学家斯通曼用数量模型来阐释对技术创新扩散概念的理解。他认为，技术创新扩散过程应是一种"学习"活动，即在模仿的基础上有不断的自主创新活动，就如同"温故而知新"的学习过程一样。它区别于那种一概照搬、一成不变的模仿。对于一项技术创新是否应当在本企业得到应用？斯通曼认为这要视成本与效益的期望而定，当采用某技术创新所获效益的期望，大于企业在采用创新过程中所支付的学习、调控成本时，企业就将采用创新；反之，企业将停留在消化吸收、积累经验、观望等待的阶段。由此可见，斯通曼更重视的是技术创新扩散得以发生的经济学条件。在技术创新障碍方面，罗伊·罗思韦尔（Roy Rothwell）和克里斯坦森（C. Christenson）等，对产业技术创新成功与失败的因素做了一般性的探讨，后来布莱斯和曼利（A. M. Blayseand, K. Manley）细致地分析了建筑业创新的障碍因素，他们认为技术再创新疲软，跟前期没有做好对基础知识的学习消化的工作关系很大。而曼斯菲尔德（E. Mansfield）认为：技术消化吸收再创新如采取边缘创新（Brim Innovation）策略，可以在市场发育初期以较低的成本迅速扩张，但随着市场的发育和竞争的加剧，企业的利润会越来越低，最终会失去继续创新所需的资金基础，走入发展的瓶颈。另外Kim认为：发展中国家技术能力的发展过程，遵循获得、消化、改进三阶段模式。

国内对技术创新与再创新的研究主要集中在技术创新概念、技术创新战略、技术创新的障碍研究、生态创新理念四个方面[63-66]。

1. 技术创新概念

对于技术创新的概念，清华大学的傅家骥教授等指出，应当同时把握两个原则：一要有较为充分的理论依据，这一点对于拓宽和明确技术创新的范畴尤为重要；二要有利于促进我国社会主义市场经济发展和企业改革，力求使技术创新的研究对我国经济和社会发展具有更为普遍的现实意义。在此基础上，他们将技术创新定义为："技术创新是企业家抓住市场的潜在赢利机会，以获取商业利益为目标，重新组织生产条件和要素，建立起效能更强、效率更高和费用更低的生产经营系统，从而推出新的产品、新的生产（工艺）方法、开辟新的市场、获得新的原材料或半成品供给来源，或建立企业的新组织，它是包括科技、组织、商业和金融等一系列活动的综合过程"。他们同时也给出了技术创新的狭义和广义定义，狭义的技术创新是指始于研究开发而终于市场实现的技术创新；广义的技术创新是指始于发明创造而终于技术扩散的技术创新。华中理工大学张培刚教授提出，"技术创新是研究生产力的发展和变化""使新技术应用于生产"即可称之为技术创新。

2. 技术创新战略

黄恒学认为市场创新是决定企业命运的关键，探讨了不同企业市场创新与市场创新点的战略选择问题；谢伟指出，发展中国家技术能力的发展，需要经历从生产能力形成，再进化到创新能力的过程；吴贵生提出了我国企业技术创新的三种战略模式，即引进消化吸收创新战略模式，模仿创新战略模式，市场细分、成本最小化、技术领先创新战略模式；李浩、戴大双探讨了领先型创新战略、跟随型创新战略、模仿型创新战略和总成本领先战略、标新立异战略、目标集聚战略之间的协调和整合；受 Mintzberg 和 Quinn 的渐进战略管理思想影响，以及受 Prahalad、Hamel、Meyer、Utterback 和 Conner 的基于核心能力的战略管理思想的影响，魏江从技术创新战略的角度，指出了企业获取竞争优势的内在基础，是企业的技术能力和核心能力，他给出了我国企业技术能力和核心能力成长的典型途径和增长轨迹，并给出了我国企业如何提高技术创新能力的对策；赵晓庆和许庆瑞指出，发展中国家企业技术能力的演化，遵循从仿制能力到创造性模仿能力，再到自主创新能力的发展轨迹，其中基于核心能力的战略理论，改变了长期以来的战略理论上的适应论观点，他们阐述了通过战略的伸展，可以变战略的守势为攻势，可以改变产业中的环境和势态。

3. 技术创新的障碍研究

我国学者在企业技术创新的障碍领域也做出了有益的探索：高建较早地探索了企业技术创新的障碍等问题；邱灿华、张庆洪在工业企业问卷调查的基础上，剖析了制约我国国有企业技术创新的主要障碍和制约因素；王伟光提出了消除技术创新障碍的产业组织对策；潘金山分析了中小企业在技术创新方面存在的主要障碍；李焕萍等探究了技术创新的障碍因素对国有大型企业和国有中小型企业限制程度上的差异。

4. 生态创新理念

生态技术创新是生态学向传统技术创新渗透的一种新型的创新模式。在技术创新的各个阶段中引入生态观念，从而引导技术创新朝着有利于资源、环境保护及其与经济、社会、环境之间的良性循环的方向协调发展。实际上生态技术创新在内涵方面，融合了新熊彼特主义、制度创新理论和生态学的观点。它以生态保护为中心，追求的是生态经济综合效益，即经济效益最佳、生态效益最好、社会效益最优的三大效益的有机统一，从而确保了包括企业在内的经济及整个社会的可持续发展。

关于技术引进消化吸收再创新，目前国内的主要研究成果如下：

1）技术引进消化吸收再创新的主体。王舒怀、谢祖墀等认为：目前我国以企业为主体的创新体系尚未完全形成，技术引进消化吸收再创新应该以企业为主体。

2）技术引进消化吸收再创新的类型。姜晓昱等在技术引进良性循环的研究中提出技术引进消化吸收再创新的类型分类。从消化吸收的角度，可将技术引进消化吸收再创新分为启发型、反求型、引进购买型、产业协作型等。对技术创新又可以从创新程度、创新对象、技术特性等方面进行分析，按创新程度分类有：渐进性创新和根本性创新；按创新对象分类有：成品创新和工艺创新；按技术变动的方式分类有：局部性创新（或称渐进性创新）、模式性创新、结构性创新、全面性创新。

3）技术再创新实证分析。以谋求经济较快发展为目的的技术引进活动，在我国已有较长的历史，也有许多技术引进消化吸收再创新成功的企业案例。对此，有代表性的分析研究有：有关 TCL 的逆向创新思想；以及央视二套曾经在创新（中国）改变现代生活栏目中，对海尔集团等企业在引进技术消化吸收再创新的介绍。

另外，我国学者对日本、韩国企业技术创新研究的文章尤多，以吉林大学商学院路耀华为例，他从"技术聚变"对技术创新的主导作用出发，总结了日本、韩国企业的技术创新特点：民间企业的高投入加速成果转化，消化吸收使技术引进带来高效益，技术引进消化吸收再创新的开发创新模式能极大地促进企业发展。

1.2.4 企业生态的研究现状

1. 国外企业生态的研究[67-69]

企业生态（Enterprise Ecology）研究起源于企业进化，国外一些学者在这方面进行过一些有价值的研究。如：Smeds、Rutta 和 Johanna 研究了企业演化管理的原理和方法，其实质是利用组织学习和创新促进企业进化；在企业生态研究中，詹姆斯用自然生态学的规律，设想未来经济社会，推理出将来的市场垄断与竞争将被削弱，企业主要是相互依存、共同进步；Winston Rudolph 提出小型企业四个演变阶段采用 JIT（Just In Time）方法的优点，其中虽然包含了企业生命周期的思想，但并不涉及下一代企业，因此还不是真正意义上的企业进化；Tharumarajah 介绍了制造业自组织的概念，以及如何利用仿生学加强其子系统的形成，并指出制造业如同生物体，有很强的柔韧性，能自我学习、自我适应、自我调节。

2. 国内企业生态的研究

20 世纪 90 年代以来，国内学者对企业生态也进行过一些研究。孙成章提出企业是有生命和生命周期的，内外因共同作用并影响企业，其研究多涉及企业内部；闵长富认为企业自身是一个小生物圈，企业与市场是一个大生物圈，企业只有与外部环境和谐统一，才能健康发展。企业应同时注意产品与市场、人才与开发、财力与投入、物力与建设、环境与公关等几个方面的建设，以达到企业生态平衡；张长元解释了企业生态学人格的含义，并分析了构建企业生态学人格的意义；刘洋在分析现代企业内外生态系统的基础上，提出"虚拟企业"的生态平衡遐想，认为企业对资源的消耗和利润的回收，均应置于社会经济生态系统之中，使现代企业生态系统符合市场规律、自然供给和人类需求规律，从而实现社会生态平衡，达到整个生态系统的良性循环和可持续发展；韩福荣比较系统地描述了企业生态系统内的组成、企业的成长、年龄与寿命、并分析了产业生态系统和高新技术产业生态系统的结构及功能；杨忠直将老子的思想引入企业生态管理，建立了企业成长、竞争等多种动力学模型，并分析了商业生态系统，提出了商业生态工程的概念；张军将企业生态学的原理运用于监理咨询企业，以促进企业健康成长，为二滩建设提出了新的启示；梁嘉骅从企业生态环境变化的角度分析企业生态系统，提出企业竞争对策。

而特别值得一提的是，近几年国内对生态延伸理论的研究也有了长足发展。如王倩基于企业生态理论对农业企业发展进行了研究；刘贵利、顾朝林等利用生态系统理论与方法，在城市用地评定中进行了应用等，他们都得出了一些对本领域的发展具有很高价值的成果。而目前基于生态理论对进技术消化吸收再创新的相关研究仍不多见，因此，这为本书的研究提出了挑战。

1.3　我国企业技术引进的现状以及技术引进的必要性

1.3.1　我国企业技术引进取得的成就

建国 60 多年来，在"自力更生，自主创新"的方针指导下，我国的技术引进工作取得了举世瞩目的成就。通过技术引进，节约了大量的技术开发费用，缩短了技术开发时间，减少了技术开发失败的风险。更重要的是，在我国工业基础薄弱的情况下，有力地促进了我国产业结构调整和高新技术产业的发展，给自主技术创新提供了基础。通过技术引进消化吸收，我国已经发展起来一批具有较强竞争力的行业和企业，诸如家用电器制造、钢铁冶炼、通信产品和计算机制造等，它们已在国内占有较大的市场份额。尤其是改革开放以来，我国的技术引进取得了显著成绩，为提高我国产业技术水平，缩短我国部分行业与世界先进水平的差距，增强我国的经济实力和综合国力起到了很大的作用。

以制造业（Manufacturing）为例，20 世纪下半叶，我国通过技术引进再加上艰苦奋斗，启动了中国工业化进程，建立了较为完整的工业体系。今天，中国的制造业已成为我国最大的产业和国民经济主要的组成部分，成为就业的重要市场和出口主力军，制造业的增长率高出国民生产总值的增长率约 3% ~ 8%，个别制造学科和先进制造技术领域已经跻身世界先进行列。统计数字显示，"中国制造"的产品已经在国际上逐渐崛起[55]。2010 年我国制造业增加值跻身世界第一位，全球占比达到 19.8；2017 年我国工业增加值总量达到 28 万亿元，按可比价计算，比 1978 年增长 53 倍，年均增长 10.8%。与此同时，我国制造业信息化也取得了很大的进展，计算机集成制造系统（CIMS）应用示范工程有 200 多家企业，多数企业经过实施 CIMS，提高了竞争力（Competitive Power）。

总之，目前我国的技术引进已表现出如下几个鲜明的特点[70-74]。

1. 技术引进规模不断扩大

改革开放以来，由于受宏观经济环境的影响，技术引进工作也经历了几度沉浮。但是，从总体趋势看，我国技术引进的项目数和金额总数都呈上升态势，特别是 20 世纪 90 年代以来，技术引进总体规模迅速扩大。国家的技术升级围绕着国家重点建设，以能源、交通、国防等行业需要的重大技术和装备为重点，引进规模进一步扩大，引进项目涉及国民经济各个领域，使技术引进进入了新的发展阶段。进入 21 世纪，我国的技术引进又出现了新的特点，引进的项目技术含量提高，引进了一大批先进适用技术，如大规模集成电路制造技术，低密度聚乙烯生产技术、焦炉煤气脱硫技术、不锈钢冶炼技术等。在资金投入上，2000 年我国各地区大中型工业企业，技术引进合同金额为 245.4 亿元，而到了 2016 年，我国技术合同成交额首次突破 1 万亿元大关，达到 11407 亿元。

2. 技术引进的方式灵活多样

目前我国采用的引进方式包括：许可证贸易、技术咨询服务、技术服务与协助、外商投资、专项贸易等。按方式的使用频率计算，许可证贸易成为获得国外技术的最主要方式。近些年来，技术许可、顾问咨询和服务也一直呈稳步上升趋势。尤其在 2000 年后，我国的软件引进有了大幅的上升，这说明我国现在技术引进的方式日趋合理，技术引进的结构也得到了进一步优化，档次不断提高。据不完全统计，1950 ~ 1995 年，45 年的时间，我国引进的成套设备金额均超过技术进口合同总额的 73%，甚至更高。近些年来，我国的专有技术、技术咨询、技术服务引进金额均有一定幅度的增长[75]。

3. 技术引进的国别来源走向多元化

从不同的国家引进技术，有利于兼收并蓄，可以避免造成对某一技术来源国的过分依赖。以前我国主要从美国、苏联等国进行技术引进，改革开放以来，我国已同 220 多个国家和地区建立了经济贸易合作关系，技术引进的国别由初期的十几个国家，扩展到 40 多个国家和地区。目前，中国最主要的技术贸易伙伴是美国、日本、韩国、德国、澳大利亚。

4. 外国直接投资在技术引进中的作用日趋显著

各国由于自身经济基础、管理体制、技术水平的差异，其采取技术引进方式、渠道的侧重点也不尽相同。随着改革开放的逐步深化，国际资本大量涌入我国，利用外国直接投资引进技术、资本、设备正逐步成为我国技术引进的重要渠道。

1.3.2 技术引进工作中存在的主要问题

诚然，技术引进在推动我国技术和经济的发展过程中起到巨大作用，但是我国的技术引进工作还是存在着许多问题，下面结合我国部分期刊、论文和报纸中提到的相关问题，将我国技术引进存在的主要问题归纳如下：

1. 技术引进结构不合理

从引进的技术构成看：在前一阶段的技术引进中，一般技术引进较多，高新技术引进较少。另外一个表现是：技术引进主要集中于制造业，而其他高新技术行业引进比例相对较少；从引进的组织机制看：主要以成套设备的引进为主，硬件设备引进多、软件技术引进少。这种引进方式不利于我国国内技术再创新，同时也不能使引进技术的上游产业、配套产业、相关产业得到相应的发展，限制了产业升级对经济发展的带动作用。

2. 盲目重复引进现象严重

在引进技术时，缺乏对市场信息的准确把握和分析，多个地方、多个企业同时甚至先后引进同一种技术，造成引进了第一代技术后又引进了第二代技术和第三代技术。每个企业并没有对引进的技术进行消化吸收，从国家这个层面上看，浪费了有限的资金，又没有收到好的效果。与我国这种"一号机进口，二号机进口，三号机进口"的现象形成鲜明对比的是日本，他们则是"一号机引进，二号机国产，三号机出口"。

3. 引进的技术水平低

目前，虽然我国也出口高新技术产品，但出口的产品以加工或装配为主，别人提供技术，我们只是按照标准程序进行来料加工和装配，相当于"代工"的性质。我国的技术引进已经实行了多年，但是对核心技术和创新技术的引进却很少，所以没有学习到根本。当今世界，经济的竞争已经从传统的生产力转向了品牌和标准的竞争，核心技术的竞争在经济博弈中占很大的分量，因此，从长远来看，传统的技术引进已经不适应时代进步的要求，只有加强自主创新能力，研发出具有竞争力的核心技术才能使我国的经济得到持续发展。

4. 技术适用性有限制

对于发展中国家来说，跨国公司转移技术的适用性尤为重要。新技术都是在跨国公司自己的国家首先使用，这些技术反映的是这些国家当前的成本和要素的可获得性，往往是资本密集型而非劳动密集型，发展中国家大多为劳动力充裕、资本较缺乏的国家，这部分新技术如果直接转移到发展中国家，将无法适应当地的资源禀赋，同时，这些技术对于精度、规模、复杂程度等方面的要求很高，发展中国家的人力资源水平较难达到，因此，即使引进了这类新技术，也难以顺利地消化吸收，而我们国家在技术这种适用性方面的重视程度还不够。

5. 消化吸收不力，技术创新困难

成功的技术引进是推动一国技术进步和国民经济发展的捷径，而有效地消化吸收，则是实现引进技术的国产化和技术创新成功与否的关键。目前，我国技术引进的消化吸收工作，大多停留在零部件和原材料国产化状态等上面，创新工作的力度和强度均远远不够，消化吸收速度迟缓，质量和水平较低。如果只是简单地重视技术的引进而不关注技术引进消化再创新，将始终阻碍我国企业自主开发和创新能力的提高。这样看来，我国对技术引进和消化的资金投入不完全合理。想要在此基础之上进行创新更是障碍重重、步履艰难，这也就成为本研究的切入点。

6. 自主品牌方面的问题

伴随着国外技术的引进，外国品牌也同时进入了中国市场。这些品牌在丰富中国市场需求的同时，也挤压了我国自主品牌的生存空间。因此，我国在技术引进的同时，必须培养自己的民族品牌和技术创新能力。我国企业在选择技术引进方式的时候，只有注意到各种引进方式的利弊，才能趋利避害，发展壮大我国自己的民族工业。

1.3.3 技术引进的必要性

本节将从以下三个方面介绍我国企业技术引进的必要性。

1. 技术的来源分类

从技术的一般来源来看，笔者总结主要有三条途径：接受施舍（过时的或"友好"相送的）、剽窃、自主创新。第一种，即使得到一些技术，但也不会产生很大的经济效益，同时也不是一件体面的事；第二种，得到一些技术就更为不光彩，同时还可能面临因知识侵权而被起诉的风险；而第三种又分为以下三种情况：一是通过原始创新，即通过研制、开发新产品、新技术从而提高自身的实力。如我国航天事业的发展，"神九""神十"的成功发射和回收，就是自主创新的典型成果。二是可以通过技术引进，即引进外国先进技术为我所用，充分利用世界各国的科学技术成果，实现消化吸收和技术创新。三是集成创新，集成创新是科学技术向前发展的重要形式，推进自主创新也一定要顺应这一潮流和趋势。

2. 技术引进是缩短我国与国际技术差距的重要途径

如何推进我国技术的快速发展？在技术发展过程中，曾先后出现了以"市场换技术论""构建世界制造业中心论"和"跨国并购论"等观点。他们想借此促进我国技术的发展，但这些不是收效甚微，就是很难与国情匹配，缺乏长期的有效性和普遍的实用性[76]。虽然引进先进技术在我国发挥作用的同时也暴露出很多问题，但这并不影响我国对技术引进作用的坚信，在很长一段时间内，我国企业技术引进还有着很大的必要性。引进是永远都会有的，无论是发展中国家，还是发达国家，要想发展本国经济，提高综合竞争能力，都不可能仅仅依靠自己的力量闭门造车，都要引进别国技术互相学习、取长补短。原始创新与适度引进相结合，有效互补，是保持强盛的必要条件。

历史也证明，引进先进技术是后进国家缩短与先进国家的差距，赶超先进国家的重要方式，是一个国家和地区运用"后发优势"，站在较高起点上发展经济，促进技术进步，增强自主开发能力的重要途径[77-80]。当前我国相当一部分生产技术和设备落后于国际先进水平20～30年，而要在不太长的时期内缩小这一差距的重要途径，就是必须把技术引进作为我国技术发展战略的重要组成部分，只靠自己关起门来自主研发是不够的。

目前我国企业的成长，已经走出要素驱动和投资驱动的阶段，进入创新驱动阶段。但是在坚持自主创新的过程中，如何摆正原始创新、集成创新与技术引进的关系，不只是企业要面对的研究主题，而且是一个国家政策研究的方向。在国家创新体系提供的技术和产业环境支持下，企业可以通过引进技术消化吸收，学习掌握引进的技术，通过一定的知识积累，为再创新打下坚实的基础，达到积累创新的效果。目前，世界上还没有出现，也不太可能出现某项技术或产品，它天生就与其他同类技术和产品无任何瓜葛，相反，它必然是现有同类技术和产品的衍生品。没有对现有有关技术的积累，就没有真正意义上的创新。因而技术消化吸收是再创新的基石，是引进技术的出发点。如果只是为了满足一时的需求，而不是为了更好地培育创新能力，那引进就不能让价值最大化。引进—消化吸收—再创新是在消化吸收基础上的创新，是"站在巨人肩膀上"的再前进、再创新。

3. 我国技术引进消化吸收再创新能力不足

这些年来，我国引进了大量的国外先进技术，实践也证明，引进国外先进技术，给我国经济注入了新的动力，使我国的产业要素水平得到了极大的提高，带来了显著的经济效益。但是同日本、韩国相比，我们的成效还并不理想[81-83]。关于我国技术引进工作不理想的原因，许多专家学者也进行了多方面的探讨，如张彩昌等提出，我国在技术引进方面，重引进轻消化、重硬件轻软件、重技术轻市场等。而笔者通过把我国技术引进后实际操作情况同日本、韩国等国的技术引进情况进行比较，发现我国技术引进消化吸收再创新能力不足，是影响技术引进效果最主要的问题。

日本产业界认为，仅是对引进的技术加以改进，仍属于"模仿"阶段，还没有独立的技术基础，不得不任人摆布。必须在吸收消化的基础上，发展本国独创的"自主技术"。日本在这方面有很多成功的例子，如在 1957 年引进奥地利的纯氧顶吹转炉炼钢技术时，日本经过试验、改进，使钢铁生产迅速增长，并且研发出了"烟气回收"技术，输出给英国、美国，使得日本钢铁生产技术跃居世界前列。

再如韩国，我国与其几乎同时引进电视显像管，但现在韩国在家电行业的发展已保持领先。另外在机床方面，1989 年韩国金星公司一次订购北京某一机床厂 100 多台普通机床时，韩国产的机床还处在低端发展上，他们对高档机床主要靠进口，当时在中国市场还见不到韩国机床。目前韩国机床取得了迅速发展，凭借自己的高端技术出口到很多国家，其中也包括中国。其成功的原因当然是多方面的，如在出口上下大功夫；以汽车工业带动机床工业等。但其中有一个不容忽视的方面，那就是政府和企业十分重视引进技术的消化吸收，积极开发新产品，形成自己的知识产权。

若消化吸收工作没做好，技术创新必然会大打折扣。近百年来，世界产业发展的历史表明，企业是技术创新的主体。在市场经济中，企业具有其他各类创新机构无法替代的地位和作用，只有千千万万的企业自主创新能力得到提升，才能使国家整体的创新能力得到增强。虽然现在我国企业在技术创新方面取得了一定的成绩，但是总体来看，我国企业创新能力仍然较为薄弱，由于缺少拥有自主知识产权的核心技术，我国不少行业存在产业技术"空心化"的危险，这已经成为制约我国社会经济可持续发展的瓶颈之一。

再从中国企业专利统计中，也可以看出我国的技术创新能力还不高。据国家知识产权局数据显示，2017 年，我国国内发明专利授权 32.7 万件，数量相当可观。而且，近年来社会专利的申请量呈明显的高速增长态势。但是在庞大的专利申请队伍中，国内企业不但没有成为主体，甚至成为较薄弱的环节。据初步统计，在社会申请的专利量中，由国内企业为主体申请的不到 20%[84-85]。

因此，根据目前我国的国情，笔者认为：为了充分发挥技术引进的"后发优势"，对引进技术进行消化吸收和再创新是企业的根本出路，应加强对引进技术的消化吸收和再创新的研究。

1.3.4 生态理论对技术引进消化吸收再创新的指导作用

生态学（Ecology）是研究生物有机体与其周围环境相互关系的科学[86]。德国生物学家 E Haeckel 最早在 1866 年提出，生态学是研究生物与其环境相互关系的科学。美国生态学家 Odum 提出，生态学是研究自然结构及其功能的科学，是以生命物种为核心对象，从个体、种群、群落、生态系统等不同角度去研究。近几十年来，人们对生态学的兴趣和关注与日俱增，自然界中的任何事物几乎都可与生态学联系起来。生态学本身形成的一套特有的宏观思维方式及处理复杂事物的方法，为生物学乃至整个自然科学，甚至哲学、社会科学、人文学科和文学艺术等提供了理论，以及方法论的支持[87-89]。作为经济领域的微观组织，企业类似于生物世界的生命个体，用生态理论来解释企业间的竞争合作关系等，已逐渐成为近几年理论界探讨的热点。

从生态学的角度来看，企业技术引进消化吸收再创新工作，在很多方面也表现出生态的特征：在企业知识生态系统中，技术消化吸收再创新能力不足的原因，可以理解为企业内部限制因子发生了作用，使得其运行机制出现障碍，造成企业知识生态系统（Enterprise Knowledge-ecology System）失衡。因此应用生态理论中知识生态（Knowledge-ecology）、企业生态（Enterprise Ecology）、信息生态（Information Ecology）等有关理论，对企业技术消化吸收再创新进行研究，就成为帮助企业在争夺生态位（Ecological Niche），促使企业在竞争进化中保持企业知识生态系统平衡的重要手段。

1.4 研究目的和意义

1.4.1 研究目的

我国目前技术引进工作存在较多问题，特别是技术引进消化吸收再创新工作做得不到位，制约了引进技术"后发优势"的发挥；"不缺乏智慧的中国人不应该缺乏创新能力，但中国企业目前的创新能力确实并不高"，不少人对此观点具有共识。不搞好消化吸收再创新工作，我国企业在国内、国际市场竞争中就只能处于劣势，也就很难走出技术引进过程中的"引进—落后—再引进—再落后"的怪圈。

虽然随着生态理论的诞生，国内外应用生态理论（Ecological Theory）在很多领域进行了研究，如城市生态研究、旅游生态研究、工业生态研究、农业生态研究等，也衍生出了如企业生态理论、信息生态理论、知识生态理论等理论。但应用生态理论对企业技术引进工作来进行研究的，目前国内外还几乎空白。有些相关的就是，有学者在技术创新方面提出了诸如生态创新或绿色创新的思想，但他们的研究也不是完全针对技术引进消化吸收再创新的，而是在可持续发展的大环境中，针对整个自主创新的一种较宏观的发展思路，另外在可操作性上也有所欠缺。而在前面研究背景中已提到，生态理论与做好技术消化吸收再创新工作具有相关性的一面。因此，本书试图基于生态理论的观点，在企业知识生态系统中，对技术引进消化吸收再创新进行一些研究，相信会对企业做好技术引进消化吸收再创新的工作带来某些参考价值。

本研究的目标主要有三方面：

1）探究企业知识生态系统中技术消化吸收的良性运作机制。

2）给出基于消化吸收的技术再创新的良好模式。

3）构建推动技术引进再创新的良性循环机制。

1.4.2 研究意义

本研究在生态因子理论的基础上，借助 IDEF0 分解分析方法，结合实际案例，筛选查找消化吸收不理想的限制因子，进而进行机理分析；然后在对技术消化吸收的本质论述的前提下，构建高效的企业知识生态系统技术消化吸收的运作机制；技术引进消化吸收的终极目的是创新，本研究接着结合生态位理论对我国技术创新的新模式进行探讨；最后基于可持续发展理论，提出技术引进消化吸收再创新良性循环机制，为我国企业技术引进消化吸收提供科学合理的指导。

1. 理论价值

1）夯实了我国企业技术引进过程中技术消化吸收限制因子查找和评价的相关理论。本研究在实证研究的基础上，结合生态理论，对技术引进的限制因子进行查找分析，通过实地调查、构建数学模型和图形模型来完善相关理论。

2）建立了动态的技术消化吸收评价模型。目前国内外对引进技术消化吸收的绩效评价，很大程度上处于一种静态的考核，也可以说是一种终结考核。而本研究应用相似系统理论，构建动态评价模型，以完成对技术消化吸收的定量评价，可以随时检查、考核消化吸收工作的各阶段成果，监督消化吸收的质量。

3）拓宽了生态理论的研究范围，本研究将生态理论运用到我国企业的技术引进消化吸收再创新工作方面，丰富了该领域的研究方法，有助于促进我国技术引进工作的良性循环。

2. 现实意义

1）研究了企业技术消化吸收的本质；在对技术消化吸收的概念和系统构成研究的基础上，通过应用知识生态学实践原则的理论，对消化吸收的本质进行研究，认为知识内化是技术消化吸收的本质所在。

2）建立了企业知识生态系统技术消化吸收风险投资决策模型。对引进的技术是否需要消化吸收，这是一个企业经营决策的问题。通过对消化吸收可能存在的三大类市场风险生态特征的研究，应用信息生态的有关理论，对信息的价值与决策的关系进行了剖析。最后应用标准投资组合模型，给出了一个能否进行技术消化吸收的决策模型，以帮助对引进的技术是否需要消化吸收的企业，做出正确的投资决策。

3）为企业的动态监督提供科学的参考，而本研究应用相似系统理论，构建动态评价模型，以完成对技术消化吸收的定量评价，可以随时检查、考核消化吸收工作的各阶段成果，监督消化吸收的质量。

4）提出了技术引进企业在创新上的新模式——奔流创新。本研究首先介绍了引进技术消化吸收再创新的三种模式，然后应用生态位理论从技术超越模式中衍生出了奔流创新的新模式，并对奔流创新的模式进行较详细的论述，最后通过对上海振华重工（集团）股份有限公司（ZPMC）技术创新的实证分析，说明了这种创新思想在实践中是可行的。

5）建立引进技术的良性循环机制。本书基于企业知识生态系统可持续发展的理论，在对技术引进过程的分析基础上，从政府和企业的职责范围入手，详细研究了保障引进技术良性循环的机制，以帮助企业实现技术引进的良性循环。

1.5 研究内容、方法和体系

1.5.1 研究内容

技术引进是目前我国发展经济、提高技术水平的一种重要途径，若技术引进消化吸收再创新工作没有做好，则会严重制约我国的现代化进程。生态学本身形成的一套特有的宏观思维方式以及处理复杂事物的方法，为生物学乃至整个自然科学，甚至哲学、社会科学、人文学科和文学艺术等提供了理论以及方法论的支持。作为经济领域的微观组织，企业类似于生物世界的生命个体，用生态理论来解释企业间的竞争合作关系等，已逐渐成为近几年理论界探讨的热点。因此，本研究在生态理论的基础上，对技术引进消化吸收再创新系统进行了较深入的研究，具体研究内容如下：

第1章为绪论部分。从我国技术消化吸收能力不佳的背景开始着手研究；然后通过广泛的文献查阅对技术转移、技术消化吸收、技术再创新、企业生态以及我国技术引进取得的成就和不足进行综述；在此基础上提出了本研究的研究目的：①找出企业知识生态系统中做好技术消化吸收的运作机制；②形成在技术消化吸收基础上的技术再创新的良好模式；③得出搞好技术引进再创新的良性循环机制；并从理论价值和实际意义两个方面解说本研究的研究意义；最后介绍了本研究的研究内容及框架结构。

第2章为技术引进及生态相关概念及理论概述。首先介绍了技术引进、专利技术与专有技术、知识管理和生态等相关概念，然后对技术差距理论、技术转让选择理论、技术转让内部化理论以及技术生命周期理论和生态理论等进行了简述，为后面的数学模型、图形模型的构建及分析打下坚实的理论基础。

第3章为技术消化吸收能力影响因素综合分析。从指标体系构建全面性和精炼性、科学性和代表性、层次性和可操作性的原则着手，在文献查阅和实地访谈的基础上，用数理统计的方法对影响我国企业技术引进消化吸收的指标因素进行定量分析，为企业开展技术消化吸收工作提供理论依据。

第4章为技术消化吸收限制因子的构建与评价。在第2章理论介绍的基础上，对生态因子的概念和相关理论进行了阐述；然后以我国40家数控机床企业为例，借助IDEF0方法，对技术消化吸收的限制因子进行了分解分析。IDEF0方法基于层次理论，在分解分析技术引进系统时，从最简单的单元层入手，逐层分析直至最顶层，可以使得父子系统模块间实现高度的衔接，在分析复杂问题的各个要素关联中，可发挥很好的作用[90-93]。

第5章为技术消化吸收运作模式。这部分共包括四个主要内容，分别是：①基于知识生态的技术消化吸收本质研究。本研究在对技术消化吸收的定义、引进技术消化吸收系统的构成进行研究的基础上，根据知识生态学中的实践等原则，提出技术消化吸收的本质为知识内化[94-95]。企业是我国市场经济的主体，也是利用知识产权的主战场。本研究根据近些年来在我国引进技术消化吸收的部分企业中出现技术剽窃的现象，建立消化吸收者和剽窃者间的博弈（Game）模型，并应用知识生态中知识维护管理的相关理论，提出在此领域内知识产权保护的意见与对策。②企业引进技术知识内化的决策研究。先对信息与技术消化吸收决策的关系研究，然后进行能否消化吸收风险投资分析。③基于企业生态理论的技术消化吸收操作模式研究。通过对技术引进消化吸收风险决策研究之后，在技术消化吸收的实施过程中，笔者基于企业生态的有关理论，建立了由研发中心、技术预测、实施流程三位一体的操作模式。同时，对引进的技术是否需要消化吸收，这是一个企业经营决策的问题。通过对技术消化吸收市场风险生态特征的分析，结合参考信息生态理论，应用标准投资组合模型对企业消化吸收投资决策（Investment Decision）进行研究。④基于相似理论的技术消化吸收评价模型研究[96-99]。企业引进技术消化吸收效果不佳的一个重要原因，是缺乏对其结果进行动态定量评价（Quantitative Assessment）。应用相似系统（Similarity System）理论，构造出进行技术消化吸收动态定量评价模型，有利于保证技术消化吸收的质量。

第 6 章为基于生态位理论的我国技术引进消化吸收再创新研究。首先对生态位相关理论进行简介；然后在生态位理论的基础上对我国生态位分离的企业技术引进消化吸收再创新模式进行选择，提出一种新的技术超越模式；最后结合上海振华重工（集团）股份有限公司的技术创新案例探讨了技术超越新模式的优势。实例分析表明，奔流创新能利用自己独特的优势，可以帮助企业创新实现技术赶超和突破，走出技术引进的"怪圈"。

第 7 章为技术引进企业知识生态系统良性循环机制。技术引进作为社会经济系统的一个子系统，其运动的过程不仅是一个循环过程，而且能够出现良性循环。而为了实现这一良性循环，企业就要建立健全其运作机制。因此，本研究基于可持续发展理论，从政府和企业各担负的职责方面进行技术引进良性循环机制研究。

第 8 章为结论与展望，对本研究的研究成果及创新点进行归纳总结，并对下一步的工作进行了初步的研究展望。

1.5.2 研究方法

本研究按照"文献阅读—研究综述—理论学习—调研—模型构建—实例分析—得出结论"这一脉络，如图 1-2 所示。具体研究方法包括：

1. 文献分析法

通过阅读大量的资料，查阅近年来与技术转移、技术消化吸收、技术再创新、生态位理论等相关的文献，最大限度地利用现有的文献检索系统，查阅和检索相关资料和信息，然后进一步对文献进行归纳和整理分析，为本研究的写作打下坚实的基础。

2. 理论分析和案例验证相结合法

在撰写本书的过程中，运用理论分析和案例验证相结合方法，在大量文献积累的基础上，结合生态位理论以及层次理论的 IDEF0 方法构建数学模型，并通过实地调研对模型进行实证研究，提高研究结果的可信度。

3. 定性和定量研究相结合法

笔者采用定性分析和定量研究相结合的方法进行研究，将复杂技术消化吸收限制因子进行合理量化。首先，在构建指标体系的过程中，使用定性分析可使指标体系更具条理和层次；然后，再用定量研究建立技术消化吸收限制因子的评价模型，在模型评价过程中，采用客观分析法进行分析。

4. 数学模型和图形模型相结合法

在对我国技术引进消化吸收限制因子评价方面，借助 IDEF0 方法，结合生态位理论构建技术消化吸收限制因子评价的数学模型和相关的图形模型，结合数控机床案例调查，挖掘出了影响我国技术引进消化吸收能力的限制因子；在技术引进企业知识生态系统良性循环机制构建方面，通过构建相对图形模型进行分析。

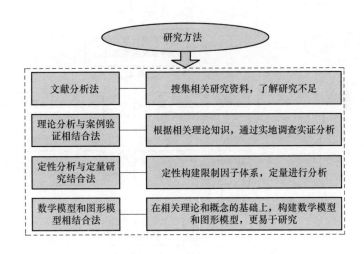

图 1-2　研究的主要方法图

1.5.3　研究体系

技术进步对于一个发展中国家来说，有着非常重要的意义。目前我国技术引进效果不尽如人意，所以根据目前我国的国情，走技术引进的道路有其深厚的历史背景。而在技术引进工作中，尤其要把实现技术引进到创新的中间环节——消化吸收工作做好，然后才能创新，这是我国经济发展战略中应下功夫研究解决的一个重大课题。因此，本研究将重点研究：在企业知识生态系统中，技术引进消化吸收再创新效果不好的限制因子，在挖掘、消化吸收运作机制研究、进而如何创新等方面，具体思路如下：

本研究基于生态因子理论并借助 IDEF0 分解分析方法，对我国数控机床企业案例进行了调查分析，确定了技术消化吸收不理想的限制因子，并对其进行机理分析；在此基础上，对技术消化吸收的本质进行了论述，构建了高效的企业知识生态系统技术消化吸收的运作机制；同时，结合生态位理论对我国技术创新的新模式进行了探讨，指出技术引进消化吸收的最终目的是创新；最后本研究应用可持续发展理论，指出技术引进消化吸收再创新良性循环机制。本研究的体系结构如图 1-3 所示。

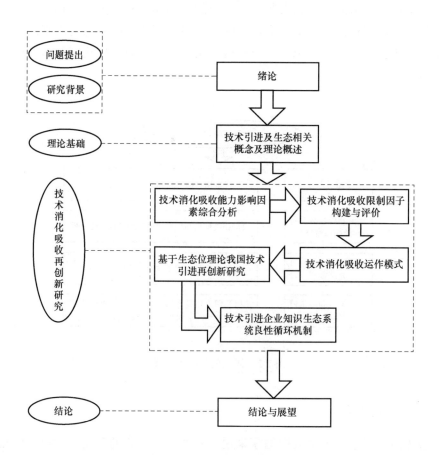

图 1-3　研究的体系结构图

本 章 小 结

本章首先对技术引进的背景进行了概述，然后分析了企业技术引进的国内外研究现状，明确了我国企业技术引进存在的优势及不足，指出了我国企业技术引进的必要性及技术引进消化吸收的现实意义。最后，给出了本研究的内容框架、技术与方法体系。

第 2 章

技术引进及生态相关理论概述

2.1　引进技术的相关概念

美国经济学家 Globerman 认为[100]：在社会发展中不断产生技术进步的原因，是技术发展的不平衡性、生产环节的不确定性和资源供给的不确定性。而正是由于技术发展的不平衡性，决定了一切有用的技术都会广泛传播。创新—传播—再创新—再传播是技术发展的基本规律[101]。这种周期性的发展规律必然导致在新技术出现后，各国将不断地进行引进、消化、创新、扩散、再引进，直到消除彼此之间的技术差距（Technology Gap）。因此技术引进（Technological Import）是一个永恒的课题，将随着人类社会的发展而发展[102]。

国际社会科学技术发展的历史证明，技术引进是加速经济发展的重要途径之一[103]。一个企业乃至整个国家的发展离不开创新能力的提高，创新能力提升的关键在于技术引进，只有在技术引进的前提下才能进行技术消化吸收和再创新。对消化吸收引进的技术进行再创新，一方面可以提高企业的研发创新能力，另一方面也可以推动企业所在区域的经济发展。如 16 世纪末，英国还是个贫穷落后的农业岛国，由于积极引进欧洲大陆的先进技术，到 17 世纪中叶，英国已被确认为科学技术领先的国家，技术中心也从欧洲大陆转移到了英伦三岛；美国的产业革命虽比英国晚了半个世纪，但通过引进英国和欧洲大陆的技术，到 19 世纪末，美国已赶超英国而跃居世界首位；而第二次世界大战后的日本经济基础薄弱，狭小的岛国资源贫乏、自然条件恶劣，但日本仅用了 50 年的时间成为世界上数一数二的经济大国，其中最重要的原因是日本重视技术引进，并及时加以消化吸收（Digestion and Absorption）和创新。技术引进能给这些国家带来如此巨大的变化，是因为这些国家充分发挥了技术引进的后发优势（Last-move Advantages）。

2.1.1　技术引进的概念

什么是技术引进？有很多人认为，技术引进就是购买成套设备、进口机器或仪器，也有人把技术引进说成是"买专利"等，这都是不确切的。

目前对于技术引进的定义有多种，较权威的是联合国国际技术转移行动守则会议提出的《国际技术转移行动守则草案》中的规定：技术引进是指转移关于制造一项产品，应用一项工艺或提供一项服务的系统知识，但不包括只涉及货物出售、货物租赁的交易。因此，技术引进的理论基础，往往源于国际技术转移的理论。我国的《技术引进和设备进口工作暂行条例》把技术引进定义为：技术引进是指通过国际技术贸易、科技合作等途径，以各种不同的方式，从国外获得发展我国国民经济和提高我国科学技术水平所需的先进技术。

下面对技术引进的作用、本质特性、目标及企业技术引进的分类，进行简单的介绍。

1. 技术引进的作用[104-106]

1）引进先进技术有利于争取时间，少走弯路，使生产力的发展有一个较高的起点，能加快实现现代化的步伐，促进本国经济的发展。时间就是速度，节省时间也就加快了速度。据估计，一项基础技术的发明，经过研究、试验、设计到成批投产，一般需要十年左右的时间，而引进国外先进技术到投产使用，只需要两三年时间。通过引进先进技术，不仅可以利用外国现成的科学技术成果，还能够比较快地填补本国技术领域上的空白，大大缩短国民经济各部门技术改造的时间，从而发展新的工业部门。因此，技术比较落后的国家要实现赶超世界先进水平，就必须在科学技术上有一个较高的起点，而引进国外先进的科学技术，就为我们提供了这个较高的起点。

2）引进先进技术可以节约建设资金。例如，美国杜邦公司用了 11 年时间，花了 2500 万美元研究成功了合成尼龙工艺，而日本东洋人造丝公司只花了 700 万美元购买了这个专利，用了两年时间就投入了生产。因此，利用现成的制造技术比之自己动手从头干起在经济上要合算得多[107]。发展中国家在建设资金有限的条件下，有计划地引进国外先进技术，具有更重要的意义。

3）引进先进技术有利于大幅度提高劳动生产率。随着工业化的发展，提高劳动生产率已不是单纯依靠劳动者的技巧，更多是依靠科学技术的应用，用先进技术代替落后技术，必然会大大提高劳动生产率。而要做到这一点，引进国外先进技术，无疑是十分必要的。

4）引进先进技术有利于培养人才，提高科学技术和管理水平。有了先进的科学技术，还必须有掌握和运用先进科学技术的人；有了现代化的企业，还必须有现代化的管理。否则，引进的先进技术就不能成为可以利用的真正的先进技术。因此，在引进技术过程中，应培养一批科学技术管理的人才队伍，提高科学技术和管理水平。

总之，技术引进是现代技术进步、提高技术水平的重要渠道；是节约经费、缩短技术开发周期的重要手段；是提高管理水平、缩小差距的重要措施；是实现经济增长、科技进步、社会发展的重要途径。

2. 技术引进的本质特性

技术引进之所以有如此大的作用，与它的特性有关。国内外有关学者对技术引进消化吸收再创新的特性进行过一些研究[108-109]，下面简单介绍其两个主要的本质特性：

（1）跟随性　这种跟随性，主要体现在技术方面和市场方面。在技术方面，技术引进消化吸收再创新，不是做新技术的探索者和率先使用者，而是做有价值的新技术的积极追随和学习改造者。在市场方面，技术引进消化吸收再创新不是独自去开辟全新的市场，而是充分利用并进一步发展率先使用者所开辟的市场。他们之所以这样做，是为了充分利用率先者所开辟市场的外溢效应。究其原因有：一方面，可能是本企业的各方面实力还不够强，还不足以涉足充满风险的率先创新研究和市场开发中，而只能以技术引进消化吸收再创新者的身份，边观察、边学习、边追赶；另一方面，是为回避风险、节约投资、以防决策失误。因此，一些企业对没有把握的技术领域和产品，故意采用等待观望的态度，自愿做技术引进消化吸收再创新者，等待率先者已探明真相，时机成熟后迅速跟进，依靠其自身的实力研究、模仿新产品再去占领市场。

（2）开拓性　强调技术引进消化吸收再创新具有跟随性，并不否认其具有开拓性。在技术方面，技术引进消化吸收再创新既然称之为创新，那么就必然有，也必须有相应的研究开发活动（R&D），它是一种渐进式的创新行为。其投入的研究开发力量，一方面用于消化吸收或反求率先使用者的核心技术；另一方面用于对率先创新技术的完善和进一步开发。在市场方面，技术引进消化吸收再创新同样具有开拓性，它不仅要抢占率先创新者已开辟的市场空间，而且包含对新市场空间的进一步发展和开拓。也就是说，技术引进消化吸收再创新产品的问世，必将拓展和激发更大的市场需求，推动新市场疆界的延伸。

3. 企业技术引进的分类

由于各个企业自身的情况各不相同，企业技术引进的目的也会有所不同，而出于不同的目的，其对技术引进作用的发挥也就不一样。企业技术引进的目的大致可分为以下三类：

第一类企业技术引进的目的是：为了改造企业，使技术更新换代，提高生产技术水平，使自己的产品在国内外能够销售，维持企业生存，增加职工福利和工资，属短线操作型。

第二类企业技术引进的目的是：为了通过消化吸收，增强自主开发的能力，促进科研水平和人才素质的提高，加快建立现代企业制度改革步伐，为企业后期发展做好技术筹备和人才培养，属长线操作型。

第三类企业技术引进目的分两部分：一部分是生产销售维持企业生存，适当增加职工福利和工资，提高职工积极性；另一部分是进行有计划的技术引进消化吸收再创新准备，逐步建成一批技术装备，接近世界同类先进水平的实验室和研究中心，为进行科学研究、技术开发和人才培养提供必要条件，属中长线操作型。

当然，另外还有一些企业技术引进的目的不是很明确，可能是为了与同行攀比企业装备水平等。

技术引进作为一种跨国或跨地区的行为，其最终目标是通过引进实现技术的跨越发展。经过多年的实践，我们在技术纯引进上积累了一些经验，对技术创新也曾做过许多有益的探讨，但对如何搞好技术消化吸收再创新的研究涉足较少。

4. 技术引进的目标

技术引进的目标是：技术引进行为主体从事引进活动要达到的结果。从本质上看，就是行为主体的利益目标。政府主体追求全社会的整体利益，包括社会经济的稳定与发展、平衡与效率等。企业的目标是自身利益的最大化。引进利益整体的不同要素之间，既对立又统一。这种利益的矛盾运动，构成系统运动的动力。汪星明在《技术引进：理论·战略·机制》一书中，概括出我国企业和政府引进技术的主要目标：

（1）企业主要目标 取得先进技术、技能和管理经验；加强企业在国内和国际市场的竞争地位；改善职工待遇（如提高企业社会地位、工资、奖金，改善职工福利）；拓宽决策范围；取得政府优惠待遇与政策奖励。

（2）政府主要目标 促进企业技术改造与技术进步；改善工业结构；提高工业能力和水平，加速基础工业的现代化；发展高新技术产业；更有效地开发和使用人力资源与自然资源；加强国民经济薄弱环节如原材料、农业、能源、交通及基础设施建设；进入国际市场，扩大出口，换取更多外汇；加速中西部地区的开发。

2.1.2 技术引进系统的结构

如果我们把引进技术看成一个系统，在技术引进系统中，除了政府与企业外，还有很多其他因素。按照系统论的观点，系统由要素构成，每个要素都表现出不同的行为，发挥不同的功能，系统的结构表现为要素与要素间的联系。系统中的每个要素都有其特定的功能，功能附着于要素之上，要素是功能的载体。系统要素的功能不是孤立存在的，为了使系统保持正常运行，需要这些功能按一定的规则有序组合，相互作用，形成一个整体[90]。技术引进系统的组成要素和结构可以用图 2-1 表示。

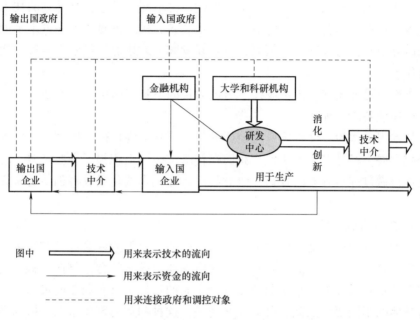

图 2-1　技术引进系统的组成要素和结构图

一些学者倾向于把系统划分为以下七个基本要素：输出国政府、输出国企业、输入国政府、输入国企业、金融机构、大学和科研机构、技术中介。

在这个系统中，技术输出国的转让企业把生产所需要的技术和有关权利，通过不同中介机构转移给技术输入国企业。技术输入国企业在金融机构提供资金支持、大学和科研机构提供技术支持的情况下，对引进的技术进行消化吸收和创新，并最终通过技术中介，把经过消化吸收和创新后的技术再次输出。这里的输出指引进企业把经过创新的新技术转让给国内和国外的企业，即技术在引进国国内和国外扩散的过程。

而图中的研发中心，一些学者认为它不属于基本要素。因为它的存在性和归属都有变数，即它可能存在也可能不存在；它可能属于输入国企业、大学和科研机构的某一个，也可能属于某几个的公共体。但笔者认为：这是一个企业在技术引进后能否发生质的飞跃的一个重要因素，我们后面的研究很多与其相关，值得我们研究和重视。

而上述七个要素中，研究者认为：后面的五个要素的运行状况，决定着整个技术引进系统运行的优良与否，是技术引进系统最重要的组成部分。理由有以下两点：一是技术一旦被引进，马上就进入了国内经济系统的循环，引进的技术是否能够被消化吸收、创新扩散，进而提高输入国的技术水平，主要决定于这后五个要素运行的状况；二是技术输出国政府及输出企业的行为，可以被看作影响技术引进系统运行的国际环境的组成部分，在一定时间内，国际环境是客观存在和不可改变的。因此，在研究技术引进系统时，可以不考虑输出国政府、输出国企业这两个要素，而是在研究国内的五个要素中，重点研究引进企业和引进国政府。

2.1.3　专利技术与专有技术的概念

技术分类的方法很多，按技术对外公开程度来划分，有专利技术和专有技术。专利技术经申请获得专利权后，在专利有效期内受专利法保护，按专利法要求，新发明应全部公开。专有技术是未公开的秘密技术，已成为国际技术贸易中常用的专门名词，它是从事生产活动所必需的，没有向社会公开的秘密技术知识和经验。专有技术与专利技术不同之处主要体现以下几方面：

1）对外公开程度不同。专利技术按照法律规定是已经公开了的技术，其内容已经在专利说明书中公布于世。但是多数专利在申请时，往往只是公开了一部分发明的内容，尽量保留那些核心秘密。因此专利申请的公开程度是不彻底的，可以说专利技术是半公开的技术。借助于专利说明书提供的技术情报，并不容易仿制出来；专有技术是未公开的秘密技术，是竞争者和社会公众所不了解的，因此往往比专利技术具有更大的经济价值。

2）专利技术受专利法的保护，而专有技术没有专门法律来保护，如果别人仿制，不构成侵权行为。不过可以援引保护商业秘密的法律，但因为其内容并未公开，所以很难判断是否侵犯了商业秘密。

3）专利技术有时间性，过了保护期即失效；专有技术没有时间约束和失效的问题，它将随着技术的发展而被新技术取代，并逐步公开，不过有些专有技术维持秘密的时间相当长，且不向其他人传授。

2.1.4　专利许可与专利权的转让

专利权是按照国家立法授给发明者的一种特殊权利。专利权有以下几个特点：首先，授予专利权的技术必须是一项新发明，并具备一定的条件，即新颖性、先进性和实用性。但并不是任何发明都可以申请专利权，许多国家的专利法对授予专利权的技术领域都有各种限制，如食品、医药品、化学物质、动植物新品种等就规定不授予专利权。其次，发明不提出申请就不能得到专利权。

最后，专利权有时间性。

如果有的公司或企业需要利用该发明，这时只要得到专利权所有者的同意便可以，即所谓的专利许可（Patent License）。专利许可一般由双方协商，自愿达成协议，最后签订专利许可合同。专利许可的内容包含两个方面：授权和传授技术，强制许可是专利许可的一种特别形式。如果专利权进行商品交易，专利权从专利权所有者转移给买主，从此原发明者便失去了专利权，连自己也无权使用了，这种性质的交易，称为专利权的转让（Assignment）。

2.1.5 知识管理

知识管理是新世纪知识经济环境中，为管理学界关注的热点话题。所谓知识管理，就是将知识视为资产加以管理，凡是有关知识的清点、评估、监督、规划、取得、学习、流通、整合、保护、创新等，能够有效增加知识资产价值的活动，均为知识管理的范畴。管理大师彼得·德鲁克早在 1965 年就曾提到，知识将取代机器设备、资金、原料或劳工，成为最重要的生产要素。既然知识是组织最重要的资产，当组织从事竞争力的提升时，如果没有同时管理组织好自己的知识，这样的竞争提升成果是有限的，而且一旦知识的运用及继承上发生问题或中断，对企业的伤害是相当大的。

2.2 技术引进相关理论

目前的国内外研究认为技术引进基本理论主要来源于技术差距理论，但同时技术转让的选择理论与技术转让内部化理论等也都从不同的研究角度阐述了技术引进基本理论[110, 4-7]。

2.2.1 技术差距理论

1. 技术差距的概念

技术差距是指科学技术水平在世界范围内对比所形成的差别，是科学技术在基础研究、应用研究和开发研究中差别的总和。从当今世界各国在技术差距方面的情况看，技术差距既存在于发达国家之间，也存在于发达国家与发展中国家之间，以及发展中国家之间。技术差距理论主要研究的是，发达国家与发展中国家之间存在的技术差距及其对贸易和技术转让的影响。发达国家与发展中国家间的技术差距，是二者在技术、资金、人力资源、研究与开发、信息和管理等方面差距的集中体现。

2. 技术差距的形成原因

技术差距的产生，主要是由于发达国家对技术的创新。发达国家凭借其在资金、科技和人力资源上的实力，在研究与开发活动中，或推动技术取得显著的进步，或在现有技术上的改进取得突破性的进展。这种技术创新的成果或体现于专利技术中，或体现于专有技术之中，从而形成了技术创新国家与其他国家间的技术差距。

技术差距论者认为：形成技术转让（或技术贸易）的原因，不仅在于世界各国科技发展的不平衡和经济发展程度的差异，还在于世界经济、技术存在着二元结构：发达国家是技术的中心，发展中国家是技术的外围（或边缘）。中心是技术的创新者与传播者，外围则是技术的模仿者和接受者，在技术由中心向外围转移的同时，中心控制或支配着外围。有的学者认为，发达国家与发展中国家间存在的技术差距，是一种双重技术差距，即存在着技术转移差距和技术积累差距。技术转移差距主要表现为发达国家（技术供方）所转让的技术与发展中国家（技术受方）所需要的技术不相适应。这种不相适应是由于技术创新成果产生的环境和条件所造成的，即输出供方造成的技术差距。技术积累差距主要表现为发展中国家对引进的技术，在消化吸收等方面存在的实际困难和差距。这种差距主要是出自受方，它不仅在技术上，而且在管理上与供方存在着差距，以及在技术人员和各类专业人员的质与量等方面的严重不足，难以适应供方转让的技术，即主要由受方造成的技术差距。

3. 技术差距理论简介

技术差距理论首见于 20 世纪 60 年代，它的创始者为波西纳（M. Posner）和哈弗鲍（G. G. Hufbauer）。该理论认为，已经完成技术创新的国家，不仅取得了技术上的优势，而且凭借其技术上的优势而在一定时期内，在某种产品的生产上取得了垄断地位，从而形成了与未进行技术创新的其他国家间的技术差距，并且导致了该技术产品的国际贸易。随着该技术产品国际贸易的增加，为进一步追求特殊利润，技术创新国家可能会通过多种途径和方式进行技术转让。其他国家也会因该项技术（产品）在经济增长中的示范效应，或进行研究与开发，或进行技术引进，最终掌握该项技术，从而导致技术差距的缩小。由于技术差距的缩小，导致技术引进国与技术创新国在该项技术产品间国际贸易的下降，直到引进国能生产出满足其国内需求数量的产品，两国间该产品的国际贸易终止，技术差距最终消失。该理论把从技术差距产生到由该项技术引起的国际贸易完全终止之间的时间间隔称为模仿滞后时期，并且把上述时间间隔分为两个阶段，即反应滞后阶段和掌握滞后阶段。由于一系列滞后效应，形成了技术创新国家与其他国家间的技术差距。技术差距的存在是进行国际技术转让的前提，如果发达国家采取扩大技术差距的做法，在技术转让中附加各种限制性条件，迫使发展中国家维持向它们提供廉价资源和市场的地位，则不仅影响世界经济的发展和劳动生产率的提高，也会使其创新产品不能获得应有的市场，最终会危及其自身的利益。从国际技术转让和贸易实践看，如果贸易伙伴双方能够建立相互合作的基础，那么技术的发展与进步不仅可使双方受益，还可使发达国家获得更大的收益。

总之，创新的结果导致国与国之间技术、经济差距的扩大；扩散、转让的结果导致差距的缩小。技术差距的缩小，不仅有利于发展中国家经济、技术的快速增长，而且从根本上说，对发达国家自身的利益，特别是保持技术领先地位也同样是有利的。

4. 技术差距论的发展

美国学者克鲁格曼（P. Kngim）于 1979 年提出了一般均衡条件下的商品周期贸易模式，成为保持技术差距的依据。该理论把资源配置、世界收入分配和技术综合起来考察，认为技术在发达国家不断创新，新技术首先在发达国家以创新产品的形式生产出来，与发展中国家形成了技术差距。发达国家在技术创新和开发新产品方面具有绝对的优势，这决定了发达国家与发展中国家间的贸易类型。发达国家出口创新产品，发展中国家出口模仿产品。技术的变化影响发达国家和发展中国家的经济与贸易，影响的大小、受益程度的高低，取决于各自技术创新和技术扩散的增长速度。

随着对技术差距理论研究的扩展，学者们又从商品的技术密集程度和比较成本优势的角度，研究了技术差距问题，提出了综合技术差距理论。该理论认为，技术的变化引起了发达国家劳动生产率的迅速提高，导致了技术差距的扩大。发展中国家在技术的变化中虽处于不利地位，但却可以通过模仿取得在中、低技术密集商品上的比较优势。发展中国家数量众多，它们之间也存在着技术差距，在经济、技术发展水平上差别很大。一批新兴工业化国家，也有一定的技术创新能力。随着技术差距的缩小，技术创新在经济增长中的作用显得日益突出。所以，发展中国家在大力发展科技、提高本国技术水平和创新能力的同时，还应着重抓好对国外先进技术的引进吸收和再创新，缩小技术差距，尽快提高经济增长速度。

2.2.2 技术转让选择理论

技术转让的选择理论最早由美国学者曼斯菲尔德（E. Mansfield）提出，他把对外直接投资和技术转让看成是可以相互替代的选择。该理论认为，当资源供应充分、各项生产要素的供给能够得到满足，产品出口又能获得最大利益或比较利益的前提下，跨国公司应选择对外直接投资方式。并且该理论认为对外直接投资有利于控制技术的专有权，有利于保持公司的技术优势和垄断地位。只有当国外的市场容量小，对外直接投资风险大，难以保证投资的最大收益时，或东道国不具备接受投资的条件，而技术转让可就获得较高的收益率时，才考虑进行技术转让。显然，该理论从维护跨国公司的利益出发，把技术转让当作是一种不得已而为之的权衡性选择。

英国学者邓宁（J. Dunning），在其国际生产折中理论中，把国际产品贸易、对外直接投资和技术转让三者有机地结合在一起。该理论从国际生产经营选择角度说明了技术转让发生的机制。该理论的核心是，邓宁在吸收和兼容其他学者研究成果的基础上，提出的"三优势模式"，即所有权特定优势、内部化特定优势和区位特定优势。三优势模式分类表，如表 2-1 所示。

表 2-1 三优势模式分类表

优势 选择	所有权特定优势 (O)	内部化特定优势 (L)	区位特定优势 (I)
对外直接投资	√	√	√
产品出口	√	√	×
技术转让	√	×	×

注：表 2-1 中"√"表示具备该项优势；"×"表示不具备该项优势。

所谓所有权特定优势，又称垄断优势或竞争优势，是指公司由于产品技术、商业秘密、管理技术等无形资产，以及规模经济所拥有的和能够得到的，而国外企业所没有或无法获得的资产及专有权的优势。所有权特定优势可分为两类：一类是能转让的优势，如产品技术、管理技术、商业信息等；另一类是无法转让的优势，如适度规模经济等。对所有权特定优势的应用，一是转让或出售；二是由公司自己使用这些资产和专有权，使资产使用内部化。所谓内部化特定优势，是指在公司内部运用所有权特定优势，以节约或消除交易成本的能力，如：产品生产的统一调配，对原料供应和销售市场的垄断，交易和运输成本的降低等。所谓区位特定优势，是指公司在投资区位上所具有的选择优势。区位特定优势和所有权特定优势、内部化优势不同，它不是公司本身拥有的，而是为拟投资东道国所具有的优势。公司无法自行支配只能适应和利用。区位特定优势包括两个方面：一是指东道国所具有的不可移动的区位优势，如东道国的地理位置、自然资源、社会制度等；二是指东道国的经济基础、科技水平、法律基础设施等，即区位特定优势不是某种单一因素的优势，而是由各种因素综合形成的一种整体性的系统优势。区位因素直接影响着公司对外直接投资的选址及相应的国际化生产体系的布局。

因此，跨国公司在国际经济活动中采用哪种方式，是在权衡这三项基本因素后做出的选择。当 O、L、I 三项同时具备时，选择对外直接投资；当不具备 I 时，即不具备有利的国外投资场所时，公司只能在国内投资设厂，进行产品出口；如仅具备 O 时，即既不具备有利的国外投资场所，又不具备国内投资建厂的有利条件，只能进行国际技术转让。

邓宁的国际生产折衷理论虽是用来解释公司的国际化经营，尤其是对外直接投资，但他同时也从一个侧面说明了国际技术转让发生的机制，并同样从维护跨国公司利益的角度把技术转让视为一种权衡选择。

2.2.3 技术转让内部化理论

技术转让内部化理论于 1937 年由内科斯（R. Coase）提出，20 世纪 70 年代英国学者巴克利（P. J. Ruckley）、卡森（M. Cosson）和加拿大学者拉格曼（A. M. Rugman）等人对该理论做出了较完整的表述。这一理论以跨国公司在技术上拥有垄断优势和国际市场，特别是国际技术市场发育不完善为基石。由于市场不完善，导致为防止技术泄密，丧失技术专有性而形成交易障碍，当克服外部市场交易障碍必须支付的代价过高、技术转让风险过大时，促使公司进行内部化转让，形成公司内部交易市场。技术转让内部化理论主要针对技术及其转化形态，研究公司内部市场结构及商品交易和技术转让的机制。

该理论认为，国际技术市场存在着买、卖双方的双向垄断，是一个发育不完善的市场。在一个发育不完善的市场进行技术交易，不利于公司追求利润的最大化。技术本身是一种在一定时期内具有专有性质的特殊商品。对于跨国公司来说，技术是其核心的资源。为了保持公司在生产技术、管理技术和销售技术等方面的垄断优势，应强化国际竞争能力，防止技术的扩散和流失，产生了技术转让内部化的倾向；而现行专利制度的不完善、技术转让的风险，以及对利润最大化的追求等因素加剧了技术转让内部化的进程。

卡森在拉格曼分析的基础上进一步剖析了技术转移内部化的机制，特别分析了信息产业内部化动力很强的问题。他认为，由于买方的不确定性与被仿制的风险，很可能给该项知识所有者带来不利，为确保知识产业本身在一定时间范围内具有自然垄断性，有必要实行内部化，以使他人无法接触到该信息，使信息所有人能得到垄断收益。技术转移内部化理论主张技术转移的非公开化，这不符合国际技术转移的潮流，但它作为一种思想对技术转移的影响是不容忽视的。

总的来说，技术转让内部化理论，是从维护工业发达国家和跨国公司的利益出发的，不利于国际技术转让的正常发展。对于发展中国家来说，研究这一理论和公司内贸易行为，是为了突破跨国公司在经济上和技术上的控制，选择正确的技术引进战略和有利的合作方式，引进跨国公司的资金、技术、管理经验和营销技术，以发展本国的经济，加快工业化的进程。

2.2.4　技术生命周期理论

技术生命周期，是指技术同一切有机体一样，也有产生、发展、衰退和消亡的全过程，这一过程称为技术生命周期。

1. 技术生命周期的两阶段论

从技术进入市场以后的角度看，技术生命周期大体可分为技术的研究与开发和技术的扩散与转移两个阶段：

（1）技术的研究与开发阶段　技术寿命始于创新构思，把构思转化为发明，需经过通常所说的研究与开发（R&D）阶段。影响这一阶段持续时间长短的因素，主要取决于两个方面：一是创新构思的孕育期。这一时期的长短主要取决于创造性思维的开发和创造工程学的运用。二是把创新发明转化为工业产品并完成商品化工业生产的创新期。这一时期的长短主要取决于设计、试制能力和批量生产能力等。当技术生命周期一定时，技术的研究与开发阶段持续的时间短，不仅可以延长创新技术的市场寿命，而且可以取得先期进入市场的特殊收益。技术的研究与开发时间越短，市场寿命就会越长，技术的竞争力和经济效益就会越显著。

（2）技术的扩散与转移阶段　技术的扩散转移阶段，是指创新技术及其产品进入市场后，历经投入、成长、成熟、衰退直到陈旧、淘汰退出市场所经历的时间，即技术的市场寿命阶段。技术的扩散、转移阶段持续时间的长短，主要取决于技术的先进性、成长性，技术的经济性和国际（技术）市场的要求等因素。

随着科学技术的高速发展、市场竞争的日益加剧和研究与开发成本的急剧提高，不仅技术的扩散转移速度呈现加快的趋势，也使技术寿命的平均周期呈现缩短的态势。原有的技术被淘汰，新一代技术会进入又一个发展周期，从而形成了技术的创新—扩散—再创新—再扩散的基本规律。新一代创新技术的问世，不仅使技术创新国家的高新技术及其产品形成了新的技术优势和竞争优势，而且为新一轮的技术扩散转移创造了条件。由于技术更新周期的缩短和研究与开发费用的急剧增长，技术创新国家要么加快技术创新的速度，要么在不失去技术、竞争优势的前提下加快技术扩散和转移，以延长技术的市场寿命和尽快回收高额的研究与开发成本。作为技术引进的发展中国家，由于存在着技术差距，要充分抓住这一机遇，加快技术引进消化吸收和创新的速度，以形成后发优势。

2. 技术差距演变在技术（产品）生命周期阶段论中的体现

技术生命周期理论认为，技术的优势、技术创新的成果最终都要体现在产品的工业化生产和技术实施的经济效果上。从技术生命周期阶段理论可以看出技术差距的具体演变过程。

从国际（技术）贸易的角度来看，技术（产品）生命周期一般可分为以下几个阶段，即新产品垄断阶段、出口增长阶段、出口竞争阶段和出口衰退阶段。

在新产品垄断阶段，技术创新国家一般为少数工业发达国家，在创新产品的开发上占有优势。因此，创新产品在国内市场一般处于垄断地位，在技术上也处于垄断阶段，这就形成了技术创新国家与其他国家的技术差距，并使得其他国家在模仿该创新产品（技术）时，存在一个时间滞后的过程。

在出口增长阶段，随着垄断国产量和出口市场的扩大，产品逐渐定型，技术也日趋成熟。

在出口竞争阶段，引进国结合本国的资源和区位优势，开始仿制该产品，并逐渐缩小与垄断国间的技术差距。由于引进国在该技术及其产品的研究投入中，不需要支付像垄断国那样巨大的研究与开发投入，而且因为在适应本国消费者需求以及在关税、运输费用等方面所具有比较优势，因而仿制产品在本国市场上具有竞争力，会逐渐减少从垄断国的进口。

在出口衰退阶段，垄断国逐渐丧失在该产品对引进国的技术优势。技术（产品）生命周期在垄断国的结束，并不意味着该技术（产品）的寿命在其他国家也已终结。垄断国虽已基本不再生产该产品，但原产品在引进国的生产和出口却正处于增长时期。

作为发展中国家，了解技术（产品）生命周期理论中技术差距的演变，是为了正确地制定本国的技术引进战略和技术发展战略。一方面，发展中国家要及时掌握国际技术发展的动态，尽早、尽快地引进适合本国发展要求的先进的适用技术，尽量缩小与发达国家间的技术差距；另一方面，要加强研究引进技术的消化吸收和再创新的机制，适应和利用技术更新周期日趋缩短所面临的挑战，尽量能超越或缩短传统的技术发展阶段，积蓄后发优势，力争打破发达国家的技术垄断。

2.3　生态的相关概念与基础理论

2.3.1　生态的相关概念

本研究将从企业生态系统、知识生态学、生态文化、金融生态和人才生态几个方面介绍生态的相关概念[111-114]。

1. 企业生态系统

如果从生态学的角度看待企业，把企业视为一个生命有机体，那么在一个由人类社会组成的社会经济圈中，就可以看到类似于生物共同体的经济共同体。在一定区域内，和生物一样，没有一个企业个体或单个组织是能够长期单独生存的。它们也往往像生物一样，直接或间接地依赖别的企业或组织而存在，并形成一种有规律的组合，即经济共同体。因此，这个企业共同体实际上就是一个生态系统，我们把它叫作企业生态系统。

2. 知识生态学

知识生态学（Knowledge Ecologies）被认为是管理理论和实践领域内的一门交叉学科，它着眼于有关知识创新和知识运用的社会关系及行为方面的研究。知识生态学对有关如何增长知识的生态位理论的基本思想有两点：第一，生态位理论研究生物种群在生态系统中的空间位置、功能和作用；第二，生态位理论反映了生态系统的客观存在，它是生态系统结构中的一种秩序和安排。

3. 生态文化

生态文化就是从人统治自然的文化过渡到人与自然和谐的文化。这是人的价值观念的根本转变，这种转变反映了人类中心主义价值取向，过渡到人与自然和谐发展的价值取向。生态文化重要的特点在于：用生态学的基本观点，去观察现实事物，解释现实社会，处理现实问题；运用科学的态度，去认识生态学的研究途径和基本观点，建立科学的生态思维理论。

4. 金融生态

金融生态借用生态学的概念，对金融外部环境的形象描述，通常指金融运行的一系列外部基础条件，主要包括宏观经济环境、法制环境、信用环境、市场环境和制度环境等方面。徐诺金认为，金融生态是各种金融组织为了生存和发展，与其生存环境及内部金融组织，在长期的密切联系和相互作用的过程中，通过分工、合作所形成的具有一定结构特征、执行一定功能作用的动态平衡系统。

5. 人才生态

生态是人才的载体、本体与母体。人才生态起源于地球生态系统，孕育于大自然"母亲"的襁褓，最后回归于大自然，即人才由生态演化而来，必向生态演化而去。一方面，人才创造性的劳动提高了生产力，推动着一个地区或一个国家的社会进步，从而改造当地的人才环境；另一方面，优秀的环境吸引了优秀的人才，培养了优秀的人才，也为人才改造环境创造更好的条件。人才生态环境问题有两方面的含义：其一，这个环境是个有机的环境系统；其二，这个环境系统是个可持续发展的系统。

2. 3. 2 生态的基础理论

1. 生态的基本理论

生态理论是研究生物之间和生物与其生存环境之间的关系。生态学中的基本理论有：生态因子理论（生态系统耐受性理论）、生态位理论、关键种理论、食物链与食物网理论和生态系统多样性理论等，这里只简单介绍生态因子理论和生态位理论。

（1）生态因子理论 在生态学中，生态因子是指环境要素中对生物起作用的因子。环境生态因子影响了生物的发育、生长、繁殖和生存，生物的存在又改变了生态环境。生态因子有主次之分，必定有一个或一些因子起着决定性作用，该因子一旦发生变化，必定会引起其他因子的相应变化，同时生态因子有阶段性性作用，有不可替代性和补偿性作用。生态系统耐受性理论认为，任何生态因子当接近或超过某种生物的耐受极限时，都成为该生物生存的限制因子。

（2）生态位理论 生态位是指在生态系统和群落中，一个物种与其他物种相关联的特定时间位置、空间位置和动能地位。生态位理论主要由以下两部分组成：

1）生物竞争排斥原理。生物竞争排斥原理认为两个在生态学上完全相同的物种不可能同时、同地生活在一起。如果不同物种要实现在饱和环境和竞争群落中的共存，就必须具有某些生态学上的差异，即占领不同的生态位。生态位重叠越大，竞争越激烈，对资源的相似需求导致了两个生物之间的竞争，而不同的资源获取能力和竞争能力则决定了在重叠部分的共存或排除。

2）生态位分离原理。在现实生态位的形成中，与竞争完全相反的作用力也发挥着重要的作用。生活在同一群落中的各种生物所起的作用是明显不同的，而每一个物种的生态位都同其他物种的生态位明显分开，这种现象就称为生态位分离。生态位分离使得全部资源能够被充分利用，并容纳尽可能多的物种，同时还能使生物间的竞争减少到最低限度，实现彼此间的共存。

2. 延伸的企业生态相关理论

20世纪90年代，保罗·霍肯利用生态思想，系统探讨了商业活动与环境问题的相互关系，出现了对企业生态的研究。1996年在我国也出现了一些开创性的研究，如王子平系统地提出了"企业生命"的内涵、组织等新思想。因此，可以说企业生态学的研究刚刚起步，其理论框架正在构建中。企业生态系统是企业生态学中的一个重要概念，当对企业进行生态学考察时，企业生态系统就是由企业依赖生存、发展的所有利益相关者群体与外部环境所形成的一种复杂的生态系统。一切生态理论当然对企业生态系统也是非常适用的。但近些年来，知识生态学、信息生态学理论和可持续发展理论的发展非常迅速，与企业生态的融合更增添了企业生态系统的内涵。

（1）知识生态　尽管知识生态学出现的历史十分短，但已经取得了一些建设性的成果，许多学者在研究和实践中总结出了它的一些基本原则：系统性原则、人本性原则、跨学科原则、互动性原则、实践性原则。

1）系统性原则。知识生态学的模型来源于对自然生态系统的理解和启示，自然生态系统通过能量的传递和转化，使物质形式和结构层次发生转变，其中协调能力在维持这些变化和稳定中至关重要。知识生态系统也必须建立这种具有自我评估能力的协调机制，使系统中的各个子系统之间、子系统与环境之间的知识得以交流和反馈，从而使系统总目标的知识状态保持最优，维持整个系统的和谐、可持续发展。

2）人本性原则。知识生态系统是以人为节点、以协作交流为链、以知识流为内容的系统。其实质是一个知识共享、交流和创新的系统。人既是知识的真正拥有者，又是知识生态系统运行的操作者和最高裁决者。

3）跨学科原则。知识生态学作为改进知识状态的理论和实践领域，是信息科学、社会科学、管理科学，以及其他相关自然科学和艺术的结合体。达文波特（Davenport）的信息生态学、斯维拜（Sveiby）等人的知识资本理论、圣吉（Senge）的组织学习和系统思维，以及认知科学、生态学和知识社会学都是知识生态学的思想来源。

4）互动性原则。知识生态学的目的在于为组织开发出一个动态的智能系统。知识生态学认为，知识不是静止的，而是在永远不断地增长和变化的；知识也不是孤立存在的，它生长在整个系统中，总是受系统其他部分或外在环境的影响。在知识、人、技术的交互作用下，不仅知识的位置会变化，知识的内容也会随时间变化。

5）实践性原则。知识生态学的最终目的是通过构思、实践和不断测试，为企业组织开发出具有自我意识、持续创新的进化系统。这种强调协调能力以应付变化的努力，必然具有实践意义，它将扩展以信息管理起家的知识管理的视野。

（2）信息生态　信息生态学是以人类需求为信息世界的中心来设计和管理信息环境的，是信息管理学科的一个分支。信息生态学的特征如下：

1）多种类型信息的集成。生物学成功地解释了物种的多样性，信息生态学也能够解释信息的多样性。事实上，许多组织已开始对多种信息进行集成管理，把所有能得到的信息媒介结合起来。

2）信息生态的演进。正如自然生态学随时间变化而演变一样，我们认为信息生态学也在不断地进化。虽然不可能完全理解和预测一个公司的信息环境如何随时间的变化而变化，但现有的信息系统应当是有弹性的，以便能适应外部环境的改变。

3）强调观察与描述。正如达尔文一开始仅是简单地描述世界，使人们懂得为什么一个物种有适应它周围的环境能力那样，我们应该观察和描述现有的信息环境，对信息进行生态化管理，在提供信息的同时，还要考虑怎样使之被有效地利用。

（3）可持续发展　"可持续发展"一词，最早是由环境学家和生态学家提出来的。后来，世界环境与发展委员会（布伦特兰委员会）在1987年发表的《我们共同的未来》报告中，把可持续发展作为关键概念采用。"可持续发展"的思想就是要协调人口、资源、环境、生态、经济和社会的相互关系，兼顾当代人和后代人的利益。

可持续发展完善的理论基础起源于生态学，今天已经以其丰富的思想内涵超出了原来的研究范畴，成为人们认识社会、顺应自然、寻求发展的指导思想与方法论基础。同时生态学还以其系统的理论体系（如复合生态系统理论、协调有序及平衡适应理论、物质循环与再生利用理论以及生态位理论），成为可持续发展不断完善的理论基础。

本 章 小 结

本章首先介绍了有关技术引进的相关概念和基本理论，然后介绍了生态的相关概念和基本理论。以上关于技术引进、生态概念以及基本理论的研究，为后续对技术引进消化吸收再创新系统的深入研究提供了理论知识储备。

第3章

技术消化吸收能力影响因素综合分析

3.1 我国企业的技术消化吸收能力影响因素体系构建

3.1.1 指标体系构建的原则

1. 全面性和精炼性

在对技术消化吸收能力的评价过程中，构建的指标体系应尽可能全面地体现出影响技术消化吸收能力各方面的信息，即指标构建要遵循全面性的原则。涵盖影响技术消化吸收能力这个评价主体的全面信息才能称为合理科学的指标体系，从理论层次上理解，即构建尽可能多的指标。然而仅仅追求构建指标的系统全面性，会产生不利的影响，比如，过多的指标数目，增加了评价的难度，影响评价结果的可信度。因此，在遵循指标体系构建全面性原则的基础上，要对相关性比较强的指标化零为整进行分析，以较少的指标反映全面的评价信息。

2. 科学性和代表性

指标体系构建也需要遵循科学性这一原则，科学性是指根据实际调研情况，采用科学合理的评价方法对影响技术引进消化吸收能力的因素进行评价。影响技术引进消化吸收能力的因素之间也存在着一定的联系，所以在指标设置过程中，为尽可能地避免指标选取的重复性，所筛选的指标还应具有代表性。

3. 层次性和可操作性

层次性表明了评价体系构建过程中指标自身的多重性，为使评价指标清晰明了，从不同的层次和方面反映评价信息，指标设计应遵循指标间的层次递进关系，进行合理的设置。进行指标遴选后，要进行评价，选取的指标体系的数据应该容易收集和统计，符合可操作性原则，这样获取的指标具有可实现性。

3.1.2 指标体系构建的方法

1. 调查访谈与数理统计法

调查访谈是经过大量的文献分析，确定影响企业技术引进消化吸收能力因素的原始指标，再通过对部分企业实地访谈，补充以往文献可能没有考虑的影响因素，对指标体系进行完善。数理统计是对原始指标的客观验证，在确保指标体系全面性构建的基础上，对指标进行降维处理，便于最终的分析评价。

2. 定性分析和定量研究相结合

筛选企业技术引进消化吸收能力影响因素要真正遵循全面系统的原则，其最终构建的指标体系必定是定性指标和定量指标的有机统一。定性指标要反映对企业技术引进消化吸收能力的影响程度，就需要对其进行量化处理，本章将参考李克特五级量表（Likert Scale）做到定性指标的量化处理分析。

3.1.3 我国企业的技术消化吸收能力影响因素体系构建

我国企业技术引进消化吸收的主体是企业，影响技术消化吸收行为主要是企业的行为，除此之外还包括一些外部因素的影响，在本研究第 1 章的成果综述里对技术消化吸收能力影响因素的研究分为五个方面，分别是：R&D（研究和开发）支出、人力资本、金融市场、文化传统以及其他因素，可概括为：企业研发投入、企业组织结构、人力资本、企业的基础设施、市场因素。本研究从企业研发投入、企业组织结构、市场因素、人力资本和企业的基础设施这五个方面来构建技术引进消化吸收能力的影响因素，如图 3-1 所示。

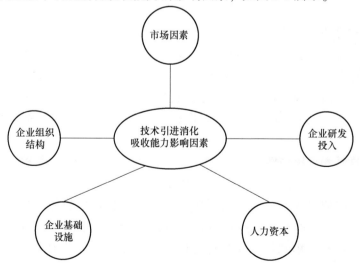

图 3-1　技术引进消化吸收能力影响因素构成图

1. 企业研发投入

Cohen 和 Levinthal 认为，企业研发投入决定了企业技术消化吸收能力的大小。企业研发投入主要包括以下七个方面：外派员工学习、合作因素、消化吸收费用、建立健全人才激励机制、员工培训投入、企业管理层对技术消化吸收是否重视、政府的政策和资金支持。

(1) 外派员工学习　企业在技术引进的过程中，存在一个很大的问题便是隐性知识很难被转移。为了进一步深层次地认知技术引进的核心部分，企业就需要采取一些有效的方式去学习技术引进国家的先进的隐性知识，外派人员进行进修学习就是一个很好的学习方式。例如，我国台湾工业技术研究院除了技术转移和开发外，还非常重视人才的培养，外派人员去美国 RCA 进行学习进修，引进 RCA 集成电路制程与设计技术，给半导体产业发展打下了坚实的基础，大幅提升了工研院自身的内涵和实力，同时还衍生出了一批与 IC 相关的公司，如联华电子股份有限公司、台湾积体电路制造股份有限公司等，提高了台湾地区产业的整体实力和核心竞争力。

(2) 合作因素　合作因素指的是企业与高校、科研机构等的合作。企业人员教育水平的高低也影响着企业技术引进消化吸收能力的大小，这一点也是众多学者研究的重点。

(3) 消化吸收费用　发达国家的经验告诉我们，企业消化吸收费用至少要达到技术引进费用的 3 倍，日本和韩国的这一比例甚至高达 5 倍和 8 倍。据统计，我国企业科技开发投资占销售收入的比例平均仅为 0.5%，小于开发出新的产品需要达到的最低标准 1%，致使企业没有能力开发新产品。而在 1990 年时，日本的日立公司的研发费用就达到了销售额比重的 6.3%，此外美国 3M 公司在 1988 年的研发费用就达到了销售额的 6.5%，日本佳能公司研发费用甚至达到了销售额总额的 14.6%。这足以说明，资金问题是导致我国技术消化吸收能力不足的一个关键原因。

(4) 建立健全人才激励机制　"人才兴，则地方兴；人才强，则地方强"，人才是企业发展的先决条件，建立健全的人才培养机制，可使企业内部在一定程度上营造积极创新的氛围，促进企业内部人员的学习。构建消化吸收良好的环境条件，对于有创新贡献的人才加大鼓励力度，能促使员工将更多的精力投入到创新工作中去，最终形成一种良性循环，促进企业的发展。

(5) 员工培训投入　企业对新员工的入职培训以及老员工的定期培训实际上都是企业内部消化吸收能力提高的一部分，从根本上来讲，企业的创新离不开企业技术人员和管理人员的创新。将先进的技术引进企业，并不代表企业有效率地进行扩散和学习吸收。往往存在一些隐性知识很难被转移和吸收利用，因而企业重视对技术引进知识的学习势必需要借助技术人员的力量，加大对员工的培训力度。

（6）企业管理层对技术消化吸收是否重视　什么是创新型企业赖以发展的动力？毫无疑问，极强的创新精神是企业发展的推力。企业管理层对技术引进消化吸收的重视，不仅包括给予技术部门经济上的支持，而且还应该包括鼓励、调动企业其他部门一起，共同构建企业内部一种优良的创新体系，促进企业技术引进消化吸收的顺利完成。

（7）政府的政策和资金支持　政府的鼓励和扶持对改善提高国家消化吸收能力意义重大。比如，在引进和利用技术先进国家的技术过程中，韩国政府通过税收优惠、出口补贴等方式鼓励企业对引进的技术进行消化吸收，且一直坚持技术引进和消化吸收相结合。政府的政策和资金支持会影响国家和企业研发资源的配置，政府在企业技术引进进行再创新过程中的作用主要体现在三个方面：①进一步完善鼓励企业研发自主创新的政策。这包括一系列激励自主创新的方针政策，如完善税收政策、金融政策等，支持主要领域和重要产业中关键技术和应用技术创新。②建设创新产业平台支持技术创新，鼓励高校、科研机构与企业合作，实现资源与信息共享。③营造良好的技术创新的社会氛围。政府这三个方面的作用表明，政府的政策支持和资金支持是影响企业技术引进后的消化吸收能力的又一重要因素。

2. 企业组织机构

（1）企业规模　Scherer 通过实证研究，发现大部分企业的研发支出与企业规模呈正相关关系，即随着企业规模的扩大，研发支出也相应地增加。而曼斯菲尔德则有不同的看法，他认为，一旦企业规模超过它的阈值，它就和创新产出没有明显的相关关系了，企业规模存在一个最佳规模。在一个较短的时间内，企业规模有很大的变化，企业规模可被看作一个独立的变量，以便考察在不同的企业规模下，企业技术引进消化吸收能力的变化。

从统计意义上来讲，周浩的研究表明了企业规模与研发启动的概率存在正相关性，也就是说，企业的规模越大，企业开展研发的可能性也就越大[115]。

（2）企业性质（国有、私营、合资、外商投资）　按照所有制划分，我国的企业类型包括国有企业、民营（私营）企业、集体企业以及合资企业等类型。不同类型的企业，其组织结构和管理机制会有一定的不同，对引进的技术消化吸收能力的影响也会有所不同。

（3）研发机构的自主性　在我国企业中，技术引进和引进技术消化吸收往往分属于不同的部门。对技术引进通常是企业管理层或者是同行业激烈竞争压力下衍生的行为，而对引进的技术进行消化吸收则属于企业研发部分的责任。拥有独立自主的创新体系，对企业引进技术的消化吸收能力至关重要。

（4）企业的组织结构　我国企业组织架构常见的形式包括中央集权制、直线式以及矩阵式等，也就是扁平状和垂直状两种，未来我国企业组织结构的发展趋势越来越扁平化。这一点和彼得·德鲁克的预言相符。扁平状的组织结构有一个明显的优点就是组织结构的层级少，而垂直状的组织结构恰恰是层级多。这两种结构各有自己的优点和缺点，扁平状结构影响着企业知识的广度，利于其扩大，而垂直状结构影响着企业知识的深度，有利于其提升。所以说，企业属于哪种类型的组织结构对其吸收能力的影响也是有一定差距的。

3. 市场因素

（1）企业现有产品的品牌力量　品牌力量对于企业的发展来说至关重要。如果企业现有产品的品牌影响力较大，知名度较高，则会很好地推动企业后续产品的创新，也使企业有信心对引进技术做到消化吸收以及二次创新。反之，如果企业现有品牌的影响力较低，企业就只能边干边摸索经验，这种探索性的生产方式，不仅耗费大量的时间，长此以往，企业也容易陷入技术引进的恶性循环，即"引进—落后—再引进—再落后"的技术引进陷阱。

（2）市场上同类竞争者数目　企业所面临的竞争者的数目影响着企业对引进技术的消化吸收。如果企业面临的同类竞争者很多，企业的行业竞争压力就会大，其在较大利益的驱动下会对引进的技术进行消化吸收，从而达到二次创新的目的。而如果企业的同类竞争者很少，企业在行业竞争下的压力就会很小，没有压力也就没有动力，自然而然的，企业也会缺乏消化吸收的动力，很难做到二次创新。

（3）市场研究预测能力　市场是企业管理的重中之重，企业在技术引进后，在拥有良好市场占有率的基础上，不仅会给企业带来可观的利益，而且还可以加快企业对引进的技术进行消化吸收，从而做到二次创新。因此，如果企业的市场研究预测能力很强，就可以很好地估算出技术的未来发展方向，从而准确地把握这个方向，在市场上占有一席之地。

4. 人力资本

（1）企业研发人员的数量　人才是企业成功发展的关键，企业的发展离不开人才。在快速发展的 21 世纪，企业间的竞争也可以说成是人才的竞争。创新是企业发展的不竭动力，企业的创新离不开技术人才的支持。高水平的研究开发成果是由高水平的人才完成的。企业投入人才的数量对企业研发能力不可或缺。

（2）企业研发人员的质量　　和企业研发人员的数量一样，企业技术人才的质量也影响着企业的研发能力。研发人员的职称表示企业技术人才素质水平的高低，如果企业的研发能力较强，其研发人员的素质会高于平均水平，高级职称的人员数目也会较多。

（3）企业研发人员知识的相似程度与互补程度　　企业在对引进的技术进行消化吸收的时候，其过去积累的相关知识对消化吸收的能力有一定的影响，这种影响可以从广度和深度两个方面来解释。从广度上讲，企业过去积累的相关知识影响着其对外部知识评价的范围和能力，这取决于企业人员之间知识的互补程度，如果企业人员之间知识的互补程度越高，广度越大，企业就更容易消化吸收引进的技术知识；从深度上讲，过去积累的相关知识对企业技术引进消化吸收能力的速度有影响，这取决于企业人员之间知识的相似程度，如果企业人员之间知识的相似程度越高，知识的转移就会更容易。企业人员之间知识的互补程度和相似程度是两个对立的概念，两者取其一存在于企业中。

5. 企业的基础设施

（1）企业现有专利数　　专利一般是由政府机关依法根据专利申请者的申请而颁发的一种文件，是在规定时间内对发明专利、实用新型专利和外观设计这三类发明产生的一种法律状态。众多学者的研究成果表明，企业先验知识对企业相关研发经验的产品进行二次创新有一定的影响。先验知识是一种企业自身掌握的知识，与对外界信息、知识以及技术的吸收能力相关。知识能力不可能一蹴而就，它是逐步积累的，企业吸收的新知识很大程度上都与其先验知识相关。企业现有的专利数目反映了企业先验知识的积累程度和企业的研发技术水平。

（2）企业的基础设备条件　　企业自身的基础设备条件也影响着企业的技术消化吸收能力，这里所说的基础设备条件包括企业研发部门的研究设备和知识掌握等情况。拥有相关领域技术研发所必需的设备，企业才能更好地进行技术研究，解决技术难题，做到二次创新。随着互联网的快速发展，其在企业中占据很重要的位置，建立健全企业的网络通信设施，有利于企业接收外界信息，做到与时俱进。

综上所述，初步归纳出影响技术引进消化吸收能力的影响因素，具体见表3-1。

表 3-1　技术引进消化吸收能力影响因素明细表

一 级 指 标	二 级 指 标
企业研发投入	外派员工学习
	合作因素
	消化吸收费用
	建立健全人才培养机制
	员工培训投入
	企业管理层对技术消化吸收是否重视
	政府的政策支持和资金支持
企业组织机构	企业规模
	企业性质（国有、私营、合资、外商投资）
	研发机构的自主性
	企业的组织结构
市场因素	企业现有产品的品牌力量
	市场上同类竞争者数目
	市场研究预测能力
人力资本	企业研发人员的数量
	企业研发人员的质量
	企业研发人员知识的相似程度和互补程度
企业的基础设施	企业现有专利数
	企业的基础设备条件

3.2　我国企业的技术消化吸收能力影响因素实证研究

本研究拟采用统计学的相关方法和知识，结合问卷调查进行实证研究，对具体的数据进行分析，评价得出影响我国企业技术引进消化吸收能力的重要因素。

3.2.1　数据获取

1. 问卷设计

基于本章 3.1 节我国企业的技术消化吸收能力影响因素体系构建，本次调查问卷主要包括五个方面的内容，分别是：企业研发投入、企业组织结构、市场因素、人力资本和企业的基础设施。这五个方面又可细分为 19 个二级指标。为了对企业定性的技术消化吸收能力指标进行定量分析评价，笔者采用李克特五级量表对各个因素的重要影响程度打分，1 分表示一点也不重要；2 分表示不重要；3 分表示一般重要；4 分表示重要；5 分则表示非常重要。从 1 分到 5 分，因素对技术消化吸收能力影响的重要程度也在相应地提高。技术引进消化吸收能力影响因素调查问卷题项设置如表 3-2 所示。

表 3-2　技术引进消化吸收能力影响因素调查问卷题项设置

编　号	题　项
1	市场研究预测能力
2	企业性质（国有、私营、合资、外商投资）
3	企业现有专利数
4	市场上同类竞争者数目
5	企业的组织结构
6	企业的基础设备条件
7	企业现有产品的品牌力量
8	企业研发人员知识的相似程度与互补程度
9	企业研发人员的质量
10	企业研发人员数量
11	消化吸收费用
12	企业规模
13	员工培训投入
14	企业管理层对技术消化吸收是否重视
15	政府的政策支持和资金支持
16	研发机构的自主性
17	外派员工学习
18	建立健全人才激励机制
19	合作因素

2. 数据来源

为使得本研究能够全面评价目前影响我国企业引进技术消化吸收的因素，笔者设计了我国企业的技术消化吸收能力影响因素调查问卷，对江、浙、沪、皖地区的 35 家企业发出了问卷，包括纸质版问卷和网络版问卷，纸质版问卷是针对安徽地区和江苏地区，而对于上海地区和浙江地区的 15 家企业，则通过"滚雪球"的方式发放电子问卷。本次调查中，共完成调查的企业共有 35 家，其中安徽地区和江苏地区实地调查的企业 20 家。

3. 数据描述性统计

调查对象的描述性统计具体分布情况如表 3-3 所示。

表 3-3 问卷调查的描述性统计

		数 目	占 比
企业性质	国有	4	11.4%
	私营	14	40.0%
	合资	7	20.0%
	外商投资	10	28.6%
企业规模 （员工人数）	100 人以下	10	28.6%
	100 ~ 500 人	20	57.1%
	500 人以上	5	14.3%
企业成立年限	1 ~ 5 年	24	68.6%
	5 ~ 10 年	8	22.9%
	10 年以上	3	8.5%

3.2.2 基于因子分析的技术消化吸收能力影响因素评价

评价企业技术消化吸收能力的影响因素，首先应该尽可能多地搜集问卷数据，提高评价的可信度。然而确定的因子数目越多，工作量也就越大，难度也就越大。鉴于此，需要对冗杂的指标进行降维分析，用少数的共性因子代替原有冗杂的指标，从而达到指标降维、数据浓缩的目的[116]。因子分析法是一种用少数的几个共性因子代替原有指标体系的数学模型[117-120]。本节使用因子分析法对指标数据进行预处理和分析。

假定有 m 个变量 X_1，X_2，$\cdots$，X_m，在 n 个样本中对 m 个变量观测的结果就构成了 $n \times m$ 阶的矩阵。

$$X = \begin{bmatrix} x_{11} & x_{12} & \cdots & x_{1m} \\ x_{21} & x_{22} & \cdots & x_{2m} \\ \vdots & \vdots & & \vdots \\ x_{n1} & x_{n2} & \cdots & x_{nm} \end{bmatrix}$$

由于调查得到的数据不是标准化数据，故需要将初选的评价指标归一化处理。

$$x'_{ik} = \frac{x_{ik} - \overline{x_i}}{s_i} \quad (i = 1, 2, \cdots, m, k = 1, 2, \cdots, n) \tag{3-1}$$

式中，x'_{ik} 为第 i 个变量的第 k 个标准化分数值；x_{ik} 为第 i 个原始变量的第 k 个观测值；$\overline{x_i}$ 为第 i 个原始变量；s_i 为第 i 个原始变量的样本标准差。

因子分析法的具体步骤如下：

1) 根据相关文献初选评价指标，按照式（3-1）将指标归一化处理。构建因子分析数学模型：$Y = AF + \varepsilon$，即

$$\begin{cases} Y_1 = a_{11}F_1 + a_{12}F_2 + \cdots + a_{1j}F_j + \varepsilon_1 \\ Y_2 = a_{21}F_1 + a_{22}F_2 + \cdots + a_{2j}F_j + \varepsilon_2 \\ \qquad\qquad\qquad \vdots \\ Y_i = a_{i1}F_1 + a_{i2}F_2 + \cdots + a_{ij}F_j + \varepsilon_i \end{cases} \qquad (3\text{-}2)$$

式（3-2）中，一般 i 远大于 j；$F(f_1, f_2, \cdots, f_j)$ 为 Y 的公共因子，代表的是各个原观测变量表达式中出现的相同的因子；$A(a_{ij})$ 为公共因子 F 的载荷矩阵；a_{ij} 是第 i 个变量对第 j 个共性因子的依赖程度，它是 F_j 的相关系数；$\varepsilon(\varepsilon_1, \varepsilon_2, \cdots, \varepsilon_i)$ 为 Y 的特殊因子，是因子分析过程中，无法解释的部分。

2）对搜集到的调查问卷进行统计，然后对统计的数据进行 KMO 检验和巴特利特球体检验。KMO 值越大，表示指标间的共同因素越多，越适合做因子分析，适合进行因子分析的前提是 KMO >0.5，巴特利特球体检验值 $P < 0.05$。

3）通常，在社会科学方面，只有当因子抽取过程中，提取的特征值大于 1 时，最终选取因子的累计方差贡献率大于 60% 才达到要求，而且累计贡献率值越大，表示效果越好。

将前 k 个因子的总方差贡献率定义为

$$a_k = \sum_{i=1}^{k} S_i^2 / P = \sum_{i=1}^{k} \lambda_i / \sum_{i=1}^{P} \lambda_i \frac{n!}{r!(n-r)!} \qquad (3\text{-}3)$$

4）在共性因子构成的载荷矩阵进行求解的基础上筛选因子。

本文调查问卷搜集到的数据使用 SPSS 22.0 进行分析和处理。

运用 SPSS 22.0 对问卷数据进行分析，得 KMO 检验值为 0.660，巴特利特球体检验得出的显著性概率为 0.000（见表 3-4），这表明所选取的指标相互之间的依赖性较强，适合做因子分析。

表 3-4 KMO 和巴特利特球体的检验结果

Kaiser-Meyer-Olkin 测量取样适当性		0.660
巴特利特的球形检定	近似卡方	388.768
	df	171
	Sig.	0.000

提取特征值大于 1 的公共因子的累积贡献率为 76.371%，这表明前 5 个主成分因子可以代替原来的 19 个指标来描述我国企业技术消化吸收能力的影响因素，图 3-2 的碎石图也验证了这一结论，在第五个主成分因子处有一明显的拐点。前五个主成分因子对应的特征值及方差贡献率见表 3-5，从中可以看出，第一主成分因子的方差贡献率最大（38.750%），占累计方差贡献率的 38.750%，表明其是最重要的影响因子，对评价起着关键的作用；第二主成分因子的方差贡献率（14.267%），占累计方差贡献率的 53.017%，是次重要的影响因子，也

对评价作用有重要影响；第五主成分因子的方差贡献率仅为5.714%，表明其影响程度比较小，此外第三和第四主成分因子的方差贡献率分别为：9.883%、7.757%。

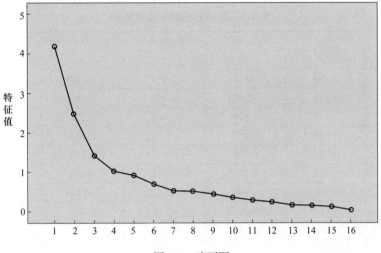

图 3-2　碎石图

表 3-5　主成分列表

因子	初始特征值			提取平方和后的特征值		
	合计	方差贡献率（%）	累积方差贡献率（%）	合计	方差贡献率（%）	累积方差贡献率（%）
1	8.700	38.750	50.7	8.700	38.750	50.7
2	3.203	14.267	53.017	3.203	14.267	53.017
3	2.219	9.883	62.900	2.219	9.883	62.900
4	1.742	7.757	70.658	1.742	7.757	70.658
5	1.283	5.714	76.371	1.283	5.714	76.371
6	0.926	4.125	80.496			
7	0.805	3.586	84.082			
8	0.621	2.766	86.848			
9	0.541	2.435	89.283			
10	0.517	2.303	91.586			
11	0.421	1.874	93.460			
12	0.345	1.535	94.994			
13	0.265	1.181	96.175			
14	0.242	1.079	97.254			
15	0.203	0.905	98.160			
16	0.153	0.683	98.842			
17	0.122	0.543	99.385			
18	0.101	0.450	99.836			
19	0.037	0.164	100.000			

为了改善单一因子对评价的主体作用，更好地对评价指标进行解释。需要进一步对因子进行旋转，作者采用方差最大法对因子进行旋转，旋转后的因子载荷矩阵如表3-6所示。

表3-6 旋转后的因子载荷矩阵

因子编号	公共因子				
	1	2	3	4	5
X_{17}	0.908	-0.131	0.074	-0.091	0.056
X_{11}	0.889	-0.014	0.002	0.080	-0.311
X_{18}	0.878	0.031	0.068	0.106	0.056
X_{19}	0.839	0.057	-0.081	0.152	0411
X_{14}	0.778	0.031	-0.257	0.179	0.257
X_{13}	0.767	0.067	-0.115	0.400	-0.276
X_{15}	0.029	0.862	-0.112	-0.049	0.335
X_{12}	0.139	0.829	-0.065	0.835	0.182
X_2	-0.183	0.752	0.088	-0.132	0.062
X_{16}	0.070	0.661	0.361	-0.078	0.071
X_5	0.146	-0.065	0.835	0.086	0.118
X_7	-0.230	0.036	0.829	-0.069	-0.066
X_4	0.009	0.335	0.577	0.469	-0.107
X_1	0.161	0.112	0.161	0.841	0.261
X_{10}	-0.187	0.337	-0.030	-0.684	-0.126
X_9	-0.108	0.305	0.386	-0.492	0.167
X_8	0.097	-0.306	-0.028	-0.018	-0.732
X_3	0.474	0.045	0.218	0.058	0.571
X_6	0.051	-0.325	-0.074	0.242	0.542

由表3-6知，公共因子1在X_{17}：外派员工学习、X_{11}：消化吸收费用、X_{18}：建立健全人才激励机制、X_{19}：合作因素、X_{14}：企业管理层对技术消化吸收是否重视、X_{13}：员工培训投入这六个方面有较大的载荷，这六个指标都是企业研发投入方面的指标，故第一主成分因子就可以概括为企业研发投入；而公共因子2在X_{15}：政府的政策支持和资金支持、X_{12}：企业规模、X_2：企业性质（国有、私营、合资、外商投资）、X_{16}：研发机构的自主性四个方面的载荷较大，这四个因素与企业组织结构有一定的关系，在此将第二主成分因子看作企业组织结构；公共因子3则对应的是X_5：企业的组织结构、X_7：企业现有产品的品牌力量、X_4：市场上同类竞争者数目，公共因子3反映的是企业技术消化吸收能力市场方面的因素，故公共因子3可称为市场因素；公共因子4在X_1：市场研究预测

能力、X_{10}：企业研发人员数量、X_9：企业研发人员的质量三个指标有较大的载荷，它们都与企业的人力资本相关，可将公共因子 4 看作人力资本因素；公共因子 5 则在 X_8：企业研发人员知识的相似程度与互补程度、X_3：企业现有专利数、X_6：企业的基础设备条件三因素方面占有较大的比例，这个公共因子反映了企业的基础设施条件，故称为企业基础设施条件因素。

上述因子分析的结果与本章 3.1 节中关于我国企业的技术消化吸收能力影响因素的相关研究结论（企业研发投入、企业组织结构、人力资本、企业的基础设施、市场因素）相一致，这表明笔者的研究结论可信，同时也验证了以往学者研究结果的可靠性和可信度。

3.2.3　重要性指数计算

由问卷调查结果可知调查样本对技术消化吸收能力影响因素的选择情况，如表 3-7 所示。

表 3-7　调查样本对技术消化吸收能力影响因素的选择情况

影 响 因 素	选择此项的企业数目				
	非 常 重 要	重　　要	一　　般	不　重　要	一点也不重要
X_1	5	10	9	7	4
X_2	1	17	10	4	3
X_3	3	10	15	4	3
X_4	3	10	14	5	3
X_5	2	14	14	3	2
X_6	3	19	10	3	0
X_7	2	13	12	5	3
X_8	2	10	15	7	1
X_9	5	18	11	0	1
X_{10}	8	20	4	3	0
X_{11}	8	6	14	5	2
X_{12}	8	13	13	0	1
X_{13}	9	7	9	9	1
X_{14}	9	7	11	4	4
X_{15}	9	12	11	3	0
X_{16}	11	18	5	1	0
X_{17}	8	8	11	6	2
X_{18}	9	7	5	9	5
X_{19}	9	3	6	6	11

问卷采用李克特五级量表打分，根据企业的打分情况对影响因素重要性指数（表3-8）进行计算，公式如下：

$$重要性指数 = \sum_{i=1}^{5} \frac{a_i X_i}{5} \qquad (3-4)$$

式中，a_i 表示第 i 个评价等级的重要程度。当 i =1，2，3，4，5时，对应的 a_i = 1，2，3，4，5；X_i 表示选择重要性等级 i 的人数占有效调查问卷总数量的比例。

表 3-8   影响因素重要性指数

因子	代 表 含 义	重要性指数	重要性排序
X_1	市场研究预测能力	62.86%	16
X_2	企业性质（国有、私营、合资、外商投资）	65.14%	12
X_3	企业现有专利数	63.43%	13
X_4	市场上同类竞争者数目	62.86%	16
X_5	企业的组织结构	66.29%	11
X_6	企业的基础设备条件	72.57%	6
X_7	企业现有产品的品牌力量	63.43%	13
X_8	企业研发人员知识的相似程度与互补程度	62.86%	16
X_9	企业研发人员的质量	74.86%	5
X_{10}	企业研发人员数量	78.86%	2
X_{11}	消化吸收费用	67.43%	9
X_{12}	企业规模	75.43%	3
X_{13}	员工培训投入	68.00%	7
X_{14}	企业管理层对技术消化吸收是否重视	67.43%	9
X_{15}	政府的政策支持和资金支持	75.43%	3
X_{16}	研发机构的自主性	82.29%	1
X_{17}	外派员工学习	68.00%	7
X_{18}	建立健全人才激励机制	63.43%	13
X_{19}	合作因素	56.00%	19

从上表的影响因素重要性指数得出，研发机构的自主性、企业研发人员数量、企业规模、政府的政策支持和资金支持、企业研发人员的质量是影响企业技术引进消化吸收能力的重要因素，这表明技术引进方面的专家等相关人员以及消化吸收相关费用是决定企业技术消化吸收能力的关键，企业的消化吸收能力要想做到质的飞跃，就必须重视对这些因素的把控。

3.3　实证分析研究结论

　　笔者构建了影响企业技术引进后消化吸收能力的指标体系，该体系涵盖五大因素，分别是企业研发投入、企业组织结构、市场因素、企业基础设施、人力资本。每个一级指标体系又可细分成若干个二级指标。通过 SPSS 22.0 软件对调查问卷的数据进行因子分析，证实影响我国企业技术引进消化吸收能力的指标体系是科学合理的，同时，借助因子分析指标降维成 5 个主成分因子。

　　实证研究表明，企业研发投入是影响我国企业引进技术消化吸收的最主要的因素，结合重要性指数的计算结果，第一主成分因子是企业研发投入因子中的政府的政策支持和资金支持因子，企业管理人员认为影响技术消化吸收能力的重要程度排名第三；企业组织机构是除研发投入因子外，影响企业技术引进消化吸收能力的第二主成分，在重要性指数分析的过程中，企业组织机构中的企业研发机构的自主性被认为是影响企业消化吸收能力的最重要的因素，这表明企业能否做到技术引进后的消化吸收，能否真正突破再创新的瓶颈，关键在于企业管理部门对创新发展的态度；市场因素作为第三主成分因子，其对企业消化吸收能力的影响毋庸置疑；除此之外，主成分四——人力资本中的企业研发人员的数量和质量的重要性指数分别达到 78.86% 和 74.86%，这从一定程度上反映了企业对引进的技术消化吸收再创新离不开专业人才的支撑。

　　本节研究影响我国企业技术引进消化吸收能力的因素，并对我国不同性质状态下的企业进行调研，通过 SPSS 实证分析得出结论。政府和企业可根据作者在本章得出的结论，有针对性地采取措施提高我国企业引进技术消化吸收能力。

本 章 小 结

　　本章构建了我国企业的技术消化吸收能力影响因素体系，并应用数理统计的方法对影响我国企业技术引进消化吸收的指标因素进行了定量分析。研究结论为推动我国技术引进消化吸收再创新工作提供了较可靠的理论依据。

第4章

基于 IDEF0 的技术消化吸收
限制因子构建与评价

前面绪论中对我国技术引进的现状进行过描述，认为技术引进消化吸收再创新能力不足是造成技术引进总体结果不理想的主要原因。既然消化吸收是做好技术引进的关键环节，那么全面搞清我国消化吸收工作中的限制因子，就有非常重要的意义。所谓消化吸收限制因子，是指企业生态系统中最易阻挠和限制企业做好消化吸收工作的生态因子。早期研究者对于我国搞好消化吸收工作，查找其限制因子的研究不够深入，因此，本章基于生态因子理论，选择数控机床行业进行案例调查，借用 IDEF0 方法作为分解分析工具，挖掘出较全面的限制因子，再通过识别限制因子定律，分析消化吸收限制因子的作用机理，为后面对技术消化吸收运作模式研究提供支撑。

4.1 生态因子理论

4.1.1 生态因子的概念及其与其他因子的关系

生态因子（Cological Factor）是生态学中的重要概念，下面介绍与之相关的几个概念及其相互关系[69]。

1. 环境因子

环境（Environment）一般是指生物有机体周围一切的总和。它包括空间以及其中可以直接或间接影响有机体生活和发展的各种因素。大多数学者认为，生物有机体周围一切因素的总和就是环境，环境中的每一个因素就是环境因子。

2. 生态因子

在环境因子中，对生物有机体起作用的环境因子称为生态因子。如：光因子、温度因子、水分因子、大气因子、土壤因子、生物因子、地形因子等。生态因子是生物生存不可缺少的环境条件，也称生物的生存条件，而环境因子则是指生物体外部的全部环境要素。

3. 限制因子

在众多的环境因素中，任何接近或超过某种生物的耐受性极限，而阻止其生存、生长、繁殖或扩散的因素叫限制因子。生态因子限制性作用一般体现为生物的生存和繁殖依赖于各种生态因子的综合作用。任何一个生态因子只要接近或超过生物的耐受范围，就会成为这种生物的限制因子，有时也会出现多个因子起限制作用。环境因子、生态因子、限制因子之间有包含关系，其关系如图 4-1 所示。

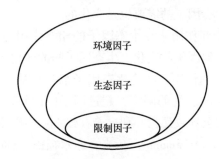

图 4-1　环境因子、生态因子和限制因子关系图

4.1.2　生态因子理论简述

1. 生态因子四大特性

（1）综合性　每一个生态因子都在与其他因子的相互影响、相互制约中起作用，任何一个因子的变化都会在不同程度上引起其他因子的变化。例如，光强度的变化必然会引起大气、土壤温度和湿度的变化，这都是生态因子综合作用的结果。

（2）非等价性　对生物起作用的诸多因子是非等价的，其中必有一、两个是起主要作用的主导因子。主导因子的改变，通常会引起许多其他生态因子发生明显变化，或使生物的生长发育发生明显变化。

（3）不可替代性和互补性　生态因子虽非等价，但都不可缺少，一个因子的缺失不能由另一个因子来替代。但若某一因子的数量不足，有时可以靠另一个因子的加强而得到调剂和补偿。

（4）限定性　生物在生长发育的不同阶段，往往需要不同的生态因子或不同强度的生态因子，因此某一生态因子的有益作用，常常只限于生物生长发育的某一特定阶段。

2. 生态因子的综合作用规律

（1）生态因子的综合作用　任何一个生态环境，都是多个生态因子的综合，生态因子不可能单独存在。每个生物生存所必需的生态因子，对于生物的作用是必不可少的，具有不可代替性。

（2）生态因子的多变性　生态因子会随时间、空间的变化而变化，构成了生态环境的多样性和复杂性。自然界中不存在完全相同的生态环境。例如，光照、温度、湿度、降水等气象因子在一年、一月、一天之内，都存在明显的有规律的变化。即使是同一地点，不同时间的生态因子也不完全相同。生态因子的多变性造就了生物的适应性，与生物对生态因子的需要的可变性相匹配，也就是说，生物本身对生态因子的需要也是变化的。

（3）生态因子的相互作用　在生态因子的相互作用中，一个生态因子发生了变化，常常会引起其他因子的变化，生态因子间的变化有时会有连锁效应。

（4）生态因子的限制作用　各个生态因子都存在量的变化，若生态因子的变化大于或小于生物所能忍受的限度，超过因子间的补偿调节作用，就会影响生物的生长和分布，甚至导致死亡。利比希（Liebig）根据生物所需的最小量提出了最小量定律（Law of Minimum）。后来，谢尔福德（Shelford）将此观念扩充到生物所能忍受因子的最大量和最小量，提出耐性定律（Law of Tolerance）。除最大量和最小量之外，他还提出了最适度的观念。

（5）生态因子的主导作用　在生物体所需的生态因子中，其中一个因子对生物的生长发育具有决定性的作用，这个因子就称为主导因子。对生物而言，主导因子不是绝对的，而是可变的，它随时间、空间，以及生物有机体的不同发育时期而发生变化。

3. 限制因子的意义

（1）最小因子定律　利比希（德国的农业化学家）是研究各种因子对植物生长影响的先驱。他提出"植物的生长取决于那些处于最少量状态的营养成分"。他的基本思想是每种植物都需要一定种类和一定量的营养物质，如果环境中缺乏其中的一种，植物就会死亡，如果这种营养物质处于最少量状态，植物的生长就最少，这就是利比希的"最小因子定律"。

（2）耐受性定律　利比希只是提出因子处于最小量时可能成为限制因子，但事实上，因子过量时同样可以成为限制因子。因此每种生物对每一种环境因素都有一个耐受的范围，它包括一个生态上的最低点（或称耐受性下限）和一个生态上的最高点（或称耐受性上限）。这个最低点和最高点之间的范围，被称为生态幅或生态价。谢尔福德的耐受性定律认为：任何一个生态因子在数量上或质量上不足或过多，即当其接近或达到某种生物的耐受性限度时，该种生物就会衰退或不能生存。

（3）限制因子研究的意义　生物与环境之间的关系有时是极端复杂的，要弄清所有的生态因子的作用是不可能的，也是不切实际的。从限制因子的概念中我们可以看出，对某种特定生物来说，各种可能的生态因子的重要性是不同的。所以生态学家就可以从众多的生态因子中找到其中可能的"薄弱环节"，从而把注意力集中在研究那些可能是限制因子的环境条件上。一般来说，若某生物对某种生态因子有较宽的耐受限度，而在环境中这种特定因子又相当稳定，量也适中，那么，这个生态因子就不大可能成为该种生物的限制因子。相反，若某生物对某种生态因子的耐受能力有限，而在环境中这种因子又变化较大，这种因子就有可能成为限制因子，因而我们应对其加以认真研究。生物种的耐受性限度示意图如图 4-2 所示。

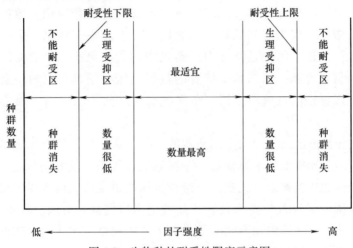

图 4-2　生物种的耐受性限度示意图

大家知道，技术引进是企业发展的一种手段，如果把企业看作一个生态系统，那么技术引进就成为企业寻求生存和发展的一种行为方式，在技术引进的运作过程中，必然会给企业增添一些新的生态因子。分析这些因子，并找出其中的一些限制因子，特别是技术引进消化吸收方面的限制因子，对于企业改进和提高生存能力无疑具有重要的意义。下面就结合数控机床企业案例调查，对技术消化吸收限制因子进行一些分解分析。

4.2　我国数控机床企业技术消化吸收限制因子分析

4.2.1　数控机床的概念及发展现状

1. 数控机床的概念

数控机床（Numerically Controlled Machine Tool）是用数字和字母形式表达工

件的形状和尺寸等技术要求以及加工工艺要求，经过数控装置运算，用数字代码信息控制刀具，使其按给定的工作程序、运动速度和轨迹进行自动加工的机床。

2. 数控机床发展现状[121-122]

20世纪40年代数字式电子计算机诞生，不久后它就被用于控制加工机床，数字控制机床的特点是把过去利用人工、行程开关或模板产生的加工信息数字化，并用以控制机床的加工运动。尽管这远不是数字化制造，但它却是数字化制造十分重要的基础。目前，世界数控机床制造趋势已从初期以数控电加工机床、数控车床、数控铣床为主，转向以加工中心、专用数控机床、成套设备为主。随着计算机技术、网络技术日益普及和应用，数控机床走向网络化、集成化已成为必然的趋势。所以，对于面临全球化竞争日益激烈的现代制造工厂来说，第一是要着力提高机床的数控化率，即数控机床必须达到最低的数量或比例；第二是所拥有的数控机床必须具有双向、高速的联网通信功能，以保证信息流在工厂、车间的底层之间及底层与上层之间的通信畅通无阻。

数控机床目前已经成为当今制造业的工作母机，是世界机床贸易的主导产品，其生产能力和技术水平是衡量一个国家综合能力的重要指标之一，是制造业的基础产业和战略产业。正是由于数控机床的重要性，西方国家仍然以各种方式限制我国的高档数控技术及其产品的进出口贸易。美国、日本、意大利、法国、西班牙、印度等国在不同阶段采取了一些扶持本国数控机床产业政策和保护措施，以保持其装备制造业的核心制造能力和竞争力。

我国数控机床的发展历史分三个阶段：第一阶段（1958—1979年）为初始发展阶段；第二阶段（1980—1994年）为平稳发展阶段；第三阶段（1995年至今）为曲折发展阶段。尽管我国已经开发了一些较高档次的数控系统（五轴联动），但现阶段我国制造的数控机床还是以中低档品种为主。例如：数控磨床、数控特种加工机床、数控剪板机、数控成形折弯机、数控压铸机等。另外，有些普通机床还在生产，如：钻床、锯床、插床、拉床、组合机床、液压压力机、木工机床等。

虽然国际上有着种种限制，但韩国在数控机床的发展上重视引进消化吸收工作，仍然取得了骄人的业绩。而我国在数控机床的发展上，虽然也曾进行过引进消化和吸收，但技术含量较低、生产效率不高、管理方式落后等仍是目前国内数控机床制造中的较普遍现象。也就是说，我国在数控机床技术方面所做的消化吸收工作收效甚微，其中的原因很值得我们去研究。如果我们从生态的角度，把数控机床企业看作是一个生态系统，那么研究其中的原因，就变成应用生态因子的理论，分析我国在消化吸收中限制因子的作用机理，而在分析之前，我们必须先要摸清我国数控机床技术消化吸收到底存在哪些限制因子。

4.2.2　数控机床企业技术消化吸收限制因子调查设计

1. 调查目的

为了如实地了解我国技术引进消化吸收限制因子，为今后采取相应的化解对策提供依据，笔者对数控机床行业技术消化吸收进行了专项调查研究。

2. 调查方式

本次调查采用的方式主要有以下几种：问卷调查、实地调研、电话采访、查阅资料。如向全国多家数控机床企业发出问卷调查；之后，对上海市十几家数控机床企业（上海第一机床厂、上海第二机床厂、上海第三机床厂、上海第四机床厂、上海机床附件一厂、上海机床铸造五厂、上海麦智工业装备有限公司等有代表性的引进企业）进行了实地调研；电话采访主要集中在上海范围内，如对上海阪樊贸易有限公司、上海市机床研究所等企业或单位进行了电话采访。

另外还利用其他一些调查手段，如通过查阅图书、报纸、期刊、查询网络以及电视报道收集资料，以作为后期分析中的参考。

3. 调查内容

本次调查从数控机床企业引进技术的现状入手，以技术消化吸收再创新为重点，除了调查被大家公认的资金、人才队伍的情况外，还对实施中的其他问题进行了认真了解。在本次调查中，数控机床企业技术引进一般性调查内容如表 4-1 所示，具体调查内容通过后面介绍的方法详细分解得出。也就是说，在调查前先采用 IDEF0 方法，对技术引进复杂系统中所有可能的生态因子仔细分解，这样既可以基本保证本次调查内容的完整性以及后期分析结果的准确性，又能尽量少地占用被调查企业的时间，使调查前的准备工作做得很充分。当然，所有调查方式可能涉及的一般性或具体的内容，实际操作过程中可能因时、因地，或因与被调查人访谈的气氛的不同而会做适当的增减。IDEF0 方法对技术引进复杂系统中所有可能的生态因子具体分解分析过程见4.2.3 节。

表 4-1　数控机床企业技术引进一般性调查简况表

技术引进			技术消化吸收							创新		企业打算
软件、硬件	次数	现差几代	有无	资金		队伍		领导重视	成效	存在问题	有无	成效
				来源	保障	组成	士气					

4.2.3 基于 IDEF0 方法的技术引进系统生态因子分解分析

1. IDEF0 方法简述[123]

从技术引进系统的结构中可以看出，技术引进是一个较复杂的系统，它包括技术引进（技术纯引进）、消化吸收、创新、扩散等内容。因此本节借助复杂系统分析方法中的 IDEF（ICAM Definition Methods）方法，来对技术引进复杂系统（Complicated System for Technological Introduction，CSTI）进行分解分析，帮助找出阻碍技术引进工作走上良性循环的壁垒。IDEF 是 ICAM Definition Method 的缩写，是美国空军在 20 世纪 70 年代末 80 年代初的 ICAM（Integrated Computer Aided Manufacturing）工程中，在结构化分析和设计方法基础上，发展出的一套系统分析和设计方法，IDEF0 方法是其中的一个内容。

2. IDEF0 理论依据及建模步骤[124-125]

前人的应用实践表明，IDEF0 方法基于层次理论，具有分解复杂度较高的复杂系统的能力。而层次观是系统科学的一个主要观点，任何复杂系统都具有层次性，不同层次之间具有自相似性，利用自相似性可以将复杂系统的决策问题进行分解，细化为人们可以理解的多层次简单问题。为了使人们理解复杂系统更为方便，常常将复杂系统表示为有一系列不同层次的自相似性结构的子系统，即

$$P = E_1 \times E_2 \times \cdots \times E_m,$$

式中，$E_i \subseteq R^n$，$E_i \neq \phi, i \in \{1, 2, \cdots, m\}$，$R^n$ 表示 n 维欧氏空间，E_i 为复杂系统分解后的第 i 个子系统，该子系统具有与它的上一层次的第 $i-1$ 个子系统的自相似结构。每个 E_i 是 n 维欧氏空间 R^n 一个非空子集，所以可利用分形概念来研究复杂系统，即根据 E_i 是否可以分形，来划分复杂系统的可结构化程度。随着粒度（Granularity）δ_i 的细化，将派生出新的细节（子系统），但这种粒度细化和细节产生都存在极限，从而导致 P 的结构复杂度趋向定值，即对未结构化的复杂系统认识是有止境的。

因此，在层次理论视角下 IDEF0 方法的分解分析步骤为：

1）在粒度 δ_1 下，构建模型 $m(\delta_1)$，在 IDEF0 中的表述就是仅仅从复杂系统的输入、控制、输出和机制（ICOM）角度考虑，建立 A-0 图，该图仅仅考虑系统与外部环境的关系。

2）在粒度 δ_2 下，构建模型 $m(\delta_2)$，在 IDEF0 中的表述就是按照 A-0 图 ICOM 关系，对 A-0 图进行逐层分解，得到 A-0 图。

3）从 $m(\delta_1)$ 模型的各个子系统的协调角度，对 $m(\delta_1)$ 模型进行再分解，就这样一直分解到在粒度 δ_n 控制下，得到模型 $m(\delta_n)$。

4）若 IDEF0 的视图中模型 $m(\delta_n)$ 不可再分解，停止。

3. IDEF0 方法对技术引进生态因子分解分析过程

遵循 IDEF0 方法分析问题的步骤，在 IDEF0 方法中应用视图来分解分析技术引进的复杂系统。技术引进复杂系统是指通过控制运作时间（技术的时效性）、运作成本（部分模块执行存在风险）、运作质量（部分模块执行缺少考核标准）等变量，将信息技术、风险决策技术和效果评价技术等，渗透到系统的纯引进、消化吸收、创新扩散、再次纯引进等技术引进一体化的过程中，使此技术引进复杂系统成为一个具有自学习、自组织、自适应和自维护的智能系统。

1）建立 A-0 图，该图用来描述技术引进系统的内外关系，如图 4-3 所示。

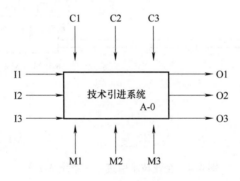

图 4-3　技术引进系统 A-0 图

图中各符号表达的内容如表 4-2 所示。图 4-3 表明，技术引进系统在 C1、C2 和 C3 控制下，借助于 M1、M2 和 M3 的机制对 I1、I2 和 I3 输入进行改造，最后输出三个成果：企业在实施技术引进时，能够清楚地了解自身从技术纯引进到技术再引进过程中是否引入了这些控制与机制、是否获得这三个预期输出。

表 4-2　图 4-3 中符号与内容对应表

符　号	内　容	符　号	内　容	符　号	内　容	符　号	内　容
I1	引进技术	M1	政府干预	O1	数据信息	C1	OT 控制变量
I2	投入资金	M2	企业管理	O2	技术突破	C2	OC 控制变量
I3	投入人才	M3	行业协作	O3	评价报告	C3	OQ 控制变量

2）建立 A-1 图，将 A-0 图按照技术引进系统由四个子系统构成及其自身的规律，从技术纯引进子系统、消化吸收子系统、创新扩散子系统、再引进子系统和指标体系评价五个角度对其进行活动模块分解，从而建立二级视图，见图 4-4。

其中，I4、I5、I6 和 I7 分别表示来自指标体系评价模块的输出结果 O51 反馈给技术纯引进、消化吸收、创新扩散和再引进四个子系统；I8 和 I9 分别表示

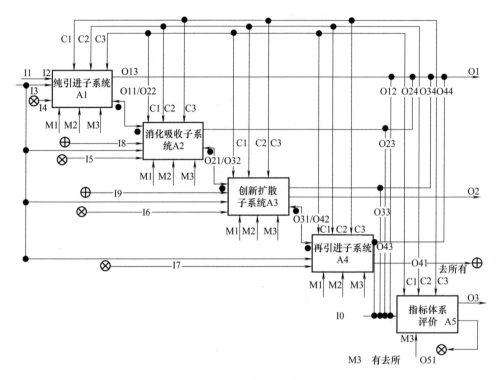

图 4-4　企业技术引进生态系统 A-1 图

来自再引进子系统对投入资金、人才后的处理结果 O41 反馈给消化吸收、创新扩散子系统再处理，这里 I8 表示外界借鉴的技术输入，I9 表示已掌握的技术协作创新；I10 表示来自前面四个子系统模块输出性能数据，以便进一步进行模块性能评价；O10 表示技术纯引进子系统把技术引进传递给消化吸收子系统处理加工；O22 表示不能被消化吸收子系统处理的技术反馈到技术纯引进子系统，以便进一步加工；O21 表示经过消化吸收子系统加工后的技术，流入创新扩散子系统；O32 表示经过创新扩散子系统加工后的技术流入消化吸收子系统，以便进一步提高消化吸收能力；O31 表示经过创新扩散子系统确认为已完善技术，传输给再引进子系统，不必再引进；O41 表示再引进子系统对下次引进技术筛选处理结果；O42 表示再引进子系统对不掌握技术进行处理后返回到前面的子系统；O12、O23、O33 和 O43 分别表示前面四个子系统模块性能原始数据，输入到评价指标系统模块进行评价；O13、O24、O34 和 O44 分别表示来自前面四个子系统模块的处理信息，进一步汇集成企业技术引进数据库信息 O1；O51 表示评价指标体系模块输出关于前面四个子系统模块性能评价结果。其他符号含义同图 4-3。

图 4-4 表明，评价指标体系模块对各个子系统模块的性能进行评价，并且将评价结果反馈给各个子系统模块，以便进一步改进；企业通过活动模块 A1、A2、A3 和 A4 可以得到输出 O1，即企业技术引进数据库信息，这些信息提供了各环节的决策依据；活动模块 A3 输出了创新扩散的技术信息 O2；活动模块 A5 输出了企业技术引进流程评价报告 O3，帮助企业改造与重组流程。

3）按照 IDEF0 方法，继续对 A1、A2、A3、A4 和 A5 活动模块进行分解。在分解各活动模块之前，要对它们之间的关系进行分析，如图 4-4 所示。在技术引进这个大系统中，对每个子系统再进行分解。因为影响技术消化吸收的生态因子是本次研究的重点，所以限于篇幅，这里只介绍技术消化吸收系统，其他子系统以此类推。下面从观察预测子系统、分解分工子系统、学习研究子系统、调试反馈子系统和消化吸收指标体系评价五个角度再对技术消化吸收系统进行活动模块分解，从而建立企业技术引进生态系统 A-2 图（二级视图），如图 4-5 所示。

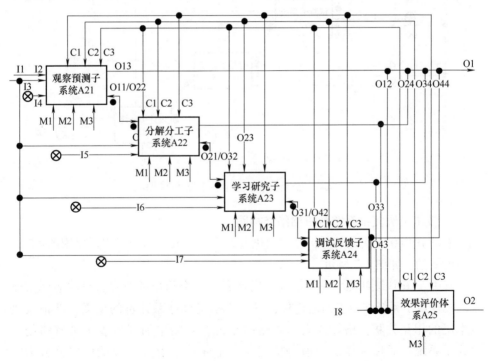

图 4-5　企业技术引进生态系统 A-2 图

其中，M1 为政府考核，M2 为企业管理，M3 为激励机制；O1 为消化吸收数据信息，O2 为消化吸收效果评价报告；其他符号的具体含义与图 4-4 相近，但它仅针对消化吸收子系统而言，由于篇幅关系，这里不再赘述。消化吸收子系统的前期技术观察预测与后期的效果评价是保证该子系统实现的关键。

4）按照 IDEF0 方法，继续对 A21、A22、A23、A24 和 A25 活动模块进行分解，如图 4-5 所示。在技术消化吸收子系统中，学习研究是技术消化吸收的重要环节，同样由于篇幅关系，这里只粗线条地对 A23 模块进行分解。学习研究模块又可按考察子系统、试验子系统、分析子系统、设计子系统四个方面对其进行活动模块分解，从而建立企业技术引进生态系统 A-23 图（三级视图），如图 4-6 所示。

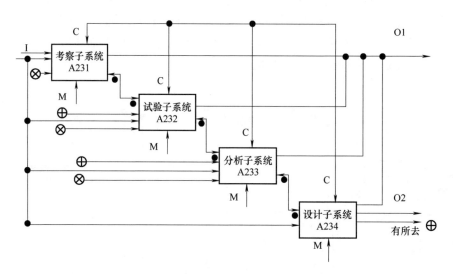

图 4-6　企业技术引进生态系统 A-23 图

4. 技术引进复杂系统剖析网络结构图

借助 IDEF0 方法分解分析技术引进复杂系统，其分析的思想可以用图 4-7 进行简单概括，如图 4-7 所示。

其中，图中圆圈表示一个系统；黑点表示一个简单的节点；直线表示父子系统模块或子系统与节点间的连接；虚线表示指标体系评价的反馈；波浪线表示本层的相互关联；格筛线表示省略的系统；圆圈中的问号表示被省略的模块或子系统。通过这样系统地分析细化，企业技术引进系统就可以分解为本层相互关联，上下层相互串联的单个模块，从最基本的事件做起，我们就能以清晰的处理思路去调查我国企业在引进消化吸收中的限制因子，为搞好我国企业的技术引进消化吸收再创新工作提供科学的指导。

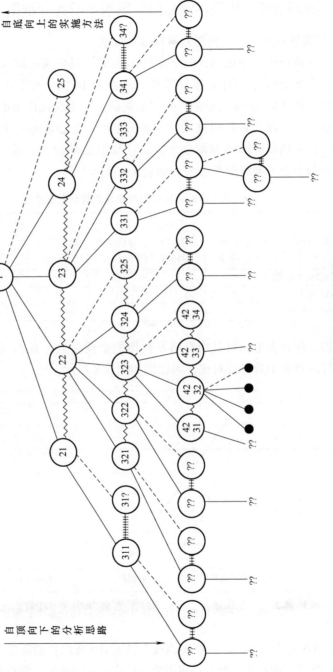

图 4-7　技术引进系统剖析网络结构图

4.2.4 我国数控机床技术消化吸收限制因子调查结果

1. 被调查企业研发机构创新与效益状况表

在本次调查中，完成调查的企业共有 40 家，其中实地调查的企业 12 家；问卷调查的企业 20 家，其中反馈问卷调查的企业 16 家；接受电话采访的企业 12 家。对数控机床的 12 家企业进行的实地调研，基本是按照 IDEF0 方法分解出的内容去执行的，既没有耽误被采访人更多的时间，也基本达到我们这次调查目的，对采集的数据会同问卷调查反馈信息和电话采访的记录，整理出关于研发机构创新与企业效益状况汇总表，如表 4-3 所示。

表 4-3 研发机构创新与企业效益状况汇总表

调查内容	调查方式			接收调查人职务		
	实地调研（共 12 家）	问卷调查（共 16 家）	电话采访（共 12 家）	副总经理以上	企业经理	技术人员
有消化吸收研发机构	8	13	10	11	14	6
有所创新	0	2	1	3	0	0
企业效益较好	1	5	2	6	2	0

在以上调查表中，对其中有研发机构的企业个数、有创新的企业个数以及效益较好的企业个数进行对比，对比图如图 4-8 所示。

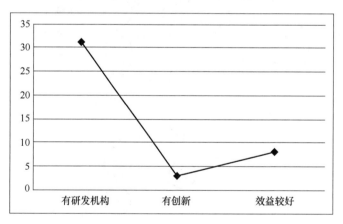

图 4-8 有研发机构、有创新及效益较好的企业个数对比图

从图 4-8 可以看出，企业在实施技术引进消化吸收再创新过程中，技术研发活动更注重形式，创新能力低下是我国数控机床企业的通病，值得我们好好思考。

2. 我国数控机床技术消化吸收限制因子统计

对一个企业来说，最可怕的是不能清楚地了解自己存在的问题。要把企业技术引进效果不佳的限制因子查清，查找问题的方法非常重要，应用 IDEF0 分解分析方法，可以较清晰地帮助我们查找企业在技术引进消化吸收工作中存在的限制因子。通过实地调查、问卷调查、电话采访三种方式调查整理的我国数控机床技术消化吸收主要限制因子见表 4-4。其中，"小范围"是指该细化因子频数占相应限制因子总频数的比重，"总体"是指该细化因子频数占全体限制因子频数的比重。

表 4-4　我国数控机床技术消化吸收主要限制因子

序号	限制因子细化			提及频数	小范围（%）	总体（%）
1	资金限制因子	资金短缺	企业本身资金不足	38	34.5	8.0
			无相关资金自助	35	31.8	7.4
			不想借债或贷款	21	19.1	4.4
		资金管理不善	资金使用不当	6	5.5	1.3
			有富余资金不知如何使用	2	1.8	0.4
			计划不周，周转不灵	7	6.4	1.5
			资金被贪污或挪用	1	0.9	0.2
		小计		110	100	23.2
2	人员限制因子	人员数量不足	退休或提前退休	7	4.1	1.5
			辞职跳槽	20	11.6	4.2
			年轻人来得少	15	8.7	3.2
		人员质量欠缺	行业基础薄弱（基础）	30	17.4	6.3
			科研环境差	25	14.5	5.3
			人才流失	9	5.2	1.9
		人员结构不合理	老年、青年人多，中年人少	6	3.5	1.3
			中级、初级科技人员多，高级科技人员少，熟练技工少	13	7.6	2.7
			管理层缺乏专业人才	5	2.9	1.1
		队伍士气较低	工资待遇低	22	12.8	4.6
			没有物质或精神激励	20	11.7	4.2
		小计		172	100	36.3
3	实施限制因子	研发机构独立性不强	无独立研发机构，依附生产技术部，研发、生产为同一套队伍	12	12.5	2.5
			研发机构人员不固定	3	3.1	0.6
		缺少风险分析（时效）	领导喜欢凭主观决策	4	4.2	0.8
			有关信息量少，部分信息失真	9	9.4	1.9
		完成路径不全	无实施细则	23	24.0	4.8
			无先后及主次之分	4	4.2	0.8
		缺效果评价监督	不关心结果好坏（态度）	22	22.8	4.6
			没有评价方法和考核制度	19	19.8	4.0
		小计		96	100	20.0

（续）

序号	限制因子细化			提及频数	小范围（%）	总体（%）
4	其他限制因子	纯引进带来的困难	技术难度大（基础薄）	8	8.2	1.7
			缺少重要资料（管理）	4	4.1	0.8
		领导水平有限	领导能力较差（管理）	4	4.1	0.8
			领导不重视（态度）	5	5.1	1.1
		政府支持有限	政府无优惠政策	18	18.4	3.8
			政府行业内部协调欠缺	12	12.2	2.5
			政府资金支持有限	14	14.3	2.9
		知识产权意识弱	侵权现象	6	6.1	1.3
			保护自己知识产权意识差	21	21.4	4.4
		产、学、研合作欠缺（互动少）	合作少	4	4.1	0.8
			利益间矛盾多	2	2.0	0.4
	小计			98	100	20.5
	合计			476		100

从表4-4可以看出，企业在技术引进消化吸收方面存在很多限制因子，其中虽然资金限制因子和人才限制因子占有很大的比例，但其他限制因子也很大程度上制约了消化吸收再创新工作的进行，因此企业如把技术引进消化吸收再创新工作不力的原因单纯归结于资金和人才方面，就具有很强的片面性，企业要想搞好技术引进消化吸收工作，还需在后两方面进行一些必要的研究。

在40家数控机床企业调查中，我国技术引进消化吸收存在的四大限制因子，它们被提到频数构成如图4-9所示。

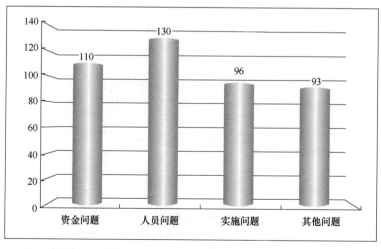

图4-9　我国技术消化吸收四大限制因子频数构成图

另外，我们在本次调查中发现还有一个潜在的现象：若受访者为企业较高层次的领导，那么他对企业技术消化吸收主要限制因子的认知包括市场不规范、资金少、人员素质低等；而普通员工更倾向于企业制度、领导能力、激励机制等限制因子。

4.3　我国技术消化吸收限制因子分析

数控机床企业是技术引进企业的一个重要代表，那么本次通过对数控机床企业的案例调查，收集整理出的分析结果对其他先进制造业，乃至所有技术引进企业来说，都具有普遍意义。也就是说，若把本次基于数控机床企业调查的结果作为一般技术引进企业来分析研究，并不失其一般性。找出了企业生态系统中技术消化吸收限制因子，那么，生物系统中的限制因子定律对企业生态系统作用机理的分析也同样适用，下面就从主、客观两方面提取技术消化吸收所有限制因子中的主要限制因子进行分析（部分与表 4-4 中的归纳有所不同）。

1. 客观上主要限制因子分析

（1）资金限制因子　这是生态因子中的一个重要因子，国内很多人都认为是技术引进企业自己的事情，社会各界及当地政府一般不予过问，自然也无相关基金的支持；而另一方面，企业往往在引进技术及成套设备后，面临巨大的资金短缺压力，常常难以保证后续的消化吸收资金；而且，消化吸收所需资金一般较多，并且潜藏着较高风险。因此，技术消化吸收的资金短缺是技术引进企业的普遍难题。在发达国家通常是引进 1 美元的技术，要花 2～4 美元的投资来搞技术消化吸收。我国用于引进技术消化吸收的资金，占技术引进资金总额的比例偏低，即企业重引进，轻消化吸收再创新，呈现出这样的一种情形："大钱搞引进，小钱搞改革，没钱搞消化"[126]。2015 年部分国家研发经费支出（GERD）占国内生产总值（GDP）比例（研发经费投入强度）如表 4-5 所示。2015 年我国研发经费投入强度只占以色列研发投入强度的 49.4%，2016 年我国研发经费位居世界第 2 位，达到 15676.7 亿元，但是研发经费投入强度仍然远远低于美国，我国研发投入强度与部分发达国家的水平（3%～4%）相比还存在一定的差距，企业研发投入仍需继续加大。

表 4-5　部分国家 2015 年研发经费支出占国内生产总值比例

	中国	美国	以色列	法国	日本	韩国	德国
比例（研发经费投入强度）（%）	2.07	2.79	4.25	2.2	3.5	4.23	2.9

另外，我国近几年技术消化吸收费用占引进费用的比重如图 4-10 所示，从

中可以发现近几年技术消化吸收费用的相对值有下降的趋势。而企业对资金短缺限制因子的耐受能力是有限的，没有足够的技术消化吸收资金作保证，就很难进行技术消化吸收，更谈不上再创新能力的形成与提高。

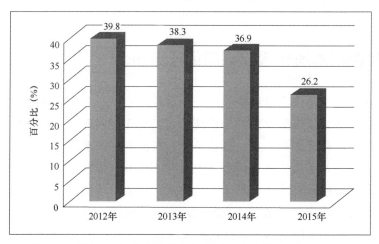

图4-10　我国近几年技术消化吸收费用占引进费用的比重示意图

资料来源：中国科技统计年鉴。

（2）人才限制因子　人才是生态因子中的一个主导因子，引进技术消化吸收过程中所需的人才是由高级科技人员队伍、中级科技人员队伍、高级技工人员队伍、熟练操作工人队伍等组成。只有他们通力协作才能很好地完成技术的消化吸收工作，而科技体制中存在的一些不足致使这些队伍的素质参差不齐；另外，由于多方面的原因，部分制造企业的效益差，工资、福利不尽如人意，因此在市场经济条件下，存在较为严重的人才流失现象。企业对人才限制因子的耐受能力也是有限的，若缺乏完善的人员队伍作保证，则技术消化吸收就不能良好地进行。

（3）技术基础薄弱限制因子　我国企业的总体技术水平偏低，参与技术引进消化吸收的队伍工作能力不足[127]。具体表现在：技术引进阶段缺乏谈判力和主动权；技术引进之后，由于技术能力和水平的落后，技术消化吸收只能停留在模仿、细微的改造方面，创新不足。企业技术基础薄弱限制因子，严重阻碍了技术消化吸收能力的提高。

（4）知识产权限制因子　引进技术的消化吸收属于模仿性技术创新，而技术创新与知识产权方面的问题关系极大。因此，有无较为完善的知识产权体系直接影响到消化吸收工作的开展。而目前在技术消化吸收领域存在技术剽窃（Cribbing）现象，技术消化吸收的成果难以得到知识产权（Intellectual property）保护。例如有的企业因无意技术侵权而被别人控告，则常会因侵权面临经济损失，使企业面临尴尬和困境；有的企业因剽窃技术成功且不被别人控告而沾沾自喜；有的企业因自己辛苦消化吸收的成果被别人剽窃而无可奈何等。这样就使企业陷入了谁投入谁吃亏的怪圈，影响了企业研发的积极性。企业对知识产权保护限制因子的耐受能力也是有限的，国家对知识产权保护有限，也常使企业对引进技术是否需要消化吸收产生顾虑。

（5）时间限制因子　一般情况下，世界上任何技术和产品都有时效性。从技术引进到新一轮技术的问世，是技术输入国进行消化吸收的时间。可供技术输入国消化吸收的时间相对于技术的整个生命周期来说是很短的，一旦用于消化吸收的时间过长，再创新的意义与价值就要大打折扣。因此时间限制因子耐受能力的有限性，造成我国某些技术引进企业在短期内难以完成技术消化吸收。

2. 主观上主要限制因子分析

以上这些是技术消化吸收效果不好的几个客观限制因子。除了客观上的限制因子外，笔者认为主观上也存在以下限制因子，造成我国引进技术消化吸收效果不好：

（1）态度限制因子　一直以来，我国在技术引进方面存在着"重引进、轻消化"的现象。国内也有人对此进行了专门的研究，他们从"技术引进存在必有其合理性"的角度进行研究，研究发现：一方面，引进技术后立即生产，可以尽快获得收益，而技术消化吸收是一种风险投资，存在风险，故风险厌恶者偏好于前者。尤其是大企业的管理者不敢承担风险，必然造成创新乏力；另一方面，某些企业领导缺乏全局、战略的眼光，单纯注重企业短期效益，不搞引进技术的消化吸收。这对于企业来说，在短时间内可能有利可图，但相对于整个国家的科技进步则是一种障碍，一旦时间持久、范围扩大，消化吸收态度限制因子就会超出下限，造成消化吸收缺乏活力，抑制国内技术的开发与创新。

（2）实施限制因子　一方面，技术消化吸收缺乏针对性。目前，我国制造业的技术消化吸收还处于较低层次，是在使用的过程中被动地接受某些技术，没有明确消化吸收的重点和方向；另一方面，技术消化吸收的可操作性不强。目前关于如何搞好引进技术消化吸收的研究成果较少，缺乏借鉴和参考，易使实施限制因子超出下限，消化吸收效果不佳。

（3）互动限制因子　企业引进技术消化吸收的联动体系没有形成。主要表现在两个方面：一方面，对所引进技术的二次开发工作重视不够，造成消化吸收与国内自主开发衔接不够，一些重大的引进技术消化吸收项目，很少被纳入诸如科技攻关、成果推广等国家科技计划之中，消化吸收工作缺乏应有的技术和资源支持；另一方面，在消化吸收的主体层面，企业由于缺乏技术开发与创新能力，而无力开展技术消化吸收工作，同时出于对市场竞争的考虑，许多企业对引进的技术实行封锁政策。技术创新联动机制没有形成。各企业之间或企业与产、学、研机构之间没有互动，互动限制因子达到下限，自然会阻碍技术消化吸收的开展。

（4）管理限制因子　我国宏观管理体制上存在弊端，如引进技术与引进技术的消化吸收，本来同属一个完整的系统，然而我国目前的引进技术与引进技术的消化吸收由不同的部门或同一部门的不同机构来分管，导致了两者的脱节，不能形成统一的管理及监督机制，超出管理限制因子的下限，从而不能有力地促使引进技术企业对引进技术进行充分的消化吸收。

（5）政府调控限制因子　政府宏观调控不足[128]，尚未形成统一、协作的企业联合组织来进行技术引进消化吸收再创新，重复引进同一项技术的现象严重，造成了大量的资金浪费。政府如何发挥桥梁作用，如何合理配置资源，是增强企业创新能力的重要问题。受粗放型经济增长方式的影响，我国大多数的引进技术是解决国内生产问题急需的技术，所谓的消化吸收创新也只停留在提高国产率水平，或在此技术基础上开发出新产品。多数项目并未从全局的角度考虑如何引进技术，提升我国产业竞争力，缺乏根据经济增长方式转变和产业结构调整需要的"国家产业技术政策"，来指导引进技术的消化吸收和再创新工作。另外政府的干预和鼓励也显不足。一个国家若存在消化吸收不力的状况，往往需要政府的干预和鼓励。例如，韩国在引进和利用国外技术中，政府始终坚持把技术引进同消化吸收相结合，通过税收优惠、出口补贴等方式鼓励企业消化吸收引进技术。这使得在韩国所有引进的技术项目中，全部和接近全部消化吸收的技术项目占 54.4%，基本消化吸收的技术项目占 36%，有力地促进了韩国科技水平的提高，而在这方面我国政府的作用没有充分发挥。若政府调控不力，限制因子超出其承受下限，将会对技术消化吸收起负面作用。

总之，由于以上主观方面、客观方面的限制因子的影响，及政府有关部门相关职能的缺失，形成了我国引进技术消化吸收效果不强的局面。

本 章 小 结

本章从生态因子理论的角度着手，研究了我国数控机床技术引进消化吸收的限制因子，结合生态因子综合性、非等价性、不可替代性和互补性、限定性等主要特征及生态因子综合作用的规律，对限制因子进行分解分析。同时，借助层次理论的 IDEF0 方法对 40 家数控机床企业进行分析，给出了我国数控机床企业技术引进消化吸收的限制因子，并从主、客观两方面对主要限制因子作用机理进行了研究。

第5章

技术消化吸收运作模式

技术消化吸收是做好技术引进再创新工作的一个重要环节，但目前国内外对技术消化吸收的研究较少，对我国搞好引进技术消化吸收工作的指导意义不大。从前面对消化吸收不佳的限制因子的研究可知，目前我国很多企业的知识生态系统内部环境不适合技术消化吸收工作的开展。因此，本章基于企业知识生态的相关理论，在研究技术消化吸收的本质的基础上，有针对性地提出做好技术消化吸收工作的三大步骤：消化吸收的风险决策、确定实施模式及效果动态评价，从而创建高适应性的技术消化吸收的知识运作体系，以期弥补这一领域研究成果的不足。

5.1 基于知识生态的技术消化吸收本质研究

5.1.1 技术消化吸收的概念

技术引进是一个多因素、多层次的复杂系统，它的对象是一种特殊的无形商品——技术。目前对技术消化吸收的概念还没有完整准确的界定，而对于"吸收"的英语词源（Assimilation），Merrriam Webster 在线词典给出的解释之一是：被吸收进群体的文化或者风俗习惯、道德观念等。R. W. Zmud 把吸收理解为：技术被组织知觉、购买和部署的过程。过惠根、孙秋昌等把技术的消化吸收理解为：由本国的工程技术人员、经营管理人员和操作工人共同管理、操作、运行、引进技术，使其保持与国外同样的生产水平，不再需要外国专家的指导或帮助。

结合前人的研究成果，笔者对技术的消化吸收理解是：技术消化吸收是指技术由一方向另一方转移中，接受方对关键技术的学习、破译、掌握和创新的过程，也就是边做边学的过程。对它的理解应注重以下三个方面：第一，消化吸收是一个过程，具有动态性，把外部的东西变成自己内部的东西，必然需要一定的时间；第二，消化吸收有难度，非口头说说那样容易，从而造成做这项工作存在着风险；第三，消化吸收具有很强的目的性，只有完成一定的知识积累，创新工作才能蓄势而发。

5.1.2　技术消化吸收系统的构成

在前面对技术消化吸收的限制因子研究中，对技术消化吸收的子系统或孙系统进行过一些分析，本节从规划和计划两个层次较系统地介绍消化吸收工作可能涉及的任务。

1. 制订系统的规划

要想搞好技术消化吸收工作，就要制订一个较系统的规划。其中需明确的内容有：消化吸收的主管部门（政府有关部门或行业协会）、实施部门（企业、研究院或其他）、时间（起始和终了）、地点（研发和考察）、目标（最低和最高）、负责人（行政和学术）、参与人（高级专家和熟练技工）、资金投入（总数量和来源）、模式（独立研发、产、学、研联合或其他）、考核工作（评价方法和激励机制）等。当然，完整的规划应当从是否进行消化吸收的决策开始。

2. 制订详细的实施计划

有了规划，实施部门就要制订详细的技术消化吸收计划。

1）相关资料收集（要求资料尽可能全面、真实）。

2）资料翻译、整理（要求对外文相关文献翻译准确，整理结果有条理）。

3）关键技术的确定与分解（要求甄别出关键技术并进行模块化）。

4）技术消化吸收顺序（要求按照由易到难的顺序进行技术预测）。

5）分配任务（要求各尽其能，发挥每个人的潜能）。

6）部分人员考察、培训（考察、培训需指定任务）。

7）技术分析研究（要求解剖到位，彻底弄清）。

8）难题攻关和系统集成（要求有团队合作精神）。

9）部件研制组装（要求模块衔接完好）。

10）试验调试（要求全员到场，对模块细心观察）。

11）结果反馈（要求反馈结果真实，若存在技术问题需返回第一步重新研究）。

技术消化吸收实施计划的流程如图 5-1 所示。

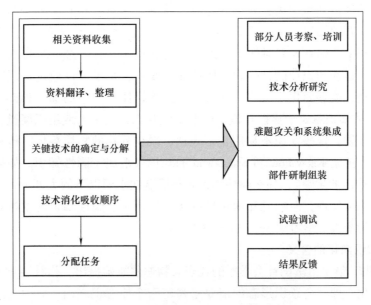

图 5-1 技术消化吸收实施计划的流程图

5.1.3 基于知识生态实践原则的技术消化吸收本质研究

1. 知识的定义

西方哲学鼻祖柏拉图在《美诺篇》中，从"知识"与"意见"的区别入手，探讨了知识的定义。在《泰阿泰德》中，柏拉图提出了知识的一种定义：知识是一种有根据的真实的信念（Justified True Beliefs）。还有一些国外学者认为：知识是一种能够改变某些人或某些事物的信息，既包括使信息成为行动的基础方式，也包括运用信息使某个个体（或机构）有能力进行改变，或进行更为有效的行为方式。在《辞海》中，将知识定义为"人们在社会实践中积累起来的经验"，并指出："从本质上说，知识属于认识的范畴"。知识不是一个简单的、各种信息和经验的无序集合，而是一个动态的、与人或组织相交互的系统。只有在人的使用过程中，知识才体现出其价值，才成为有实践意义的、真正的知识。

2. 显性知识与隐性知识

知识具有可共享性、非磨损性、无限增值性、二象性、主观性等一系列和普通物质不同的性质。国外有些学者将知识归纳为事实知识（Know-why）、技能知识（Know-how）和人力知识（Know-who）三种类型；从哲学角度进行划分，知识可又划分为主体对事物的感性知觉或表象的感性知识，以及关于事物的概念或规律的理性知识两类；我国一些学者从使用角度，将知识划分为三类：来源于生产实践的知识、来源于社会实践的知识以及来源于科学实验的知识。

近些年来，随着人们对知识管理的理解和运用，有人进一步将知识划分为两大类别：显性知识和隐性知识。所谓显性知识，是指可以通过常规的传播方式进行传递，能够固化于书本、磁带、光盘等媒体介质中的那一种知识。关于Know-why的知识就属于显性知识。所谓隐性知识，是个人或组织经过长期积累而获得的知识，这些知识不易用言语表达，缺少外化的物质载体，传播给别人也很困难，关于Know-how和Know-who的知识一般属于隐性知识。如果说显性知识是"冰山的尖端"，那么隐性知识则是隐藏在水面以下的大部分，它们比显性知识更难被发现，但却是知识精华的决定性因素。隐性知识的挖掘和利用能力，将成为个人和学习组织成功的关键。

3. 知识内化的含义

"内化"最早由法国社会学派的代表人物迪尔凯姆提出，指社会意识向个体意识的转化，即社会意识形态的诸要素移植于个体意识之内。对内化问题进行系统研究的是苏联维烈鲁学派，如维果斯基就赋予内化概念新的内容，认为人的一切高级心理机能，最初都是以外部的人际交往形式表现出来的，后来由于内化的结果而转化为个体的心理过程，即内化是外部的实际动作向内部智力动作的转化。因此"内化"一词的出现与教育心理学是分不开的，它一般是指在教育或学习过程中，将知识形成人的内在素质一部分的过程，其中包括形成相关知识范畴的意识、相关知识范围的素养、相关知识范围内最大限度转化的能力等。目前被公众较为认可的知识内化的定义是：以学习者已有的认知结构为基础，经过学习者同化和顺应的加工机制与自我监控机制相互作用，将外部的新知识转化为学习者的认知结构的过程。

4. 技术与知识的关系

所谓技术就是与产品、工艺有关的各种知识、经验和技艺。换句话说：技术是由系统的科学知识、成熟的实践经验和操作工艺综合在一起而形成的一种从事生产的专门学问。它包括理性知识，如原理、结构、设计、计算、应用与调试等知识，也包括实际经验和操作技艺。技术是不断发展的，新技术不断出现，不断扩散相传播，形成了今天的人类技术宝库。

较早对技术和知识的关系进行深入论述的是科学家兼哲学家博兰尼。他的论述立足于一个简单的事实："我们知道的东西要多于我们所能诉说的东西。"具体到技术领域，他发现关于技能和专业能力的论述，并不能把这种能力表达完全。技术可被看作可以清楚表达出来的技能，以及无法用语言明确表达的技能之和。他把前者命名为明言知识，后者命名为难言知识。这样，技术就是两者的并集，显然博兰尼认为技术就是一种知识。

5. 技术消化吸收的本质是知识内化[129-130]

知识内化是一个动态复杂的过程，知识内化的主要途径是：由知识概括而升华、由心理体验而顿悟、由行为积累而巩固。在内化过程中，个体原有的态度和能力等多种因素起重要作用。人吃五谷杂粮，经过消化吸收等复杂的生理、生化过程，一部分残渣被排泄掉了，一部分转化为能量被消耗掉了，一部分融入了人的肌体，这个将食物中的营养成分转化为生命体一部分的过程就是消化吸收。内化的机制与此类似，只不过它的原材料由食物转化成了知识，场所由消化系统转化成了大脑，过程由生物化学反应换成了以思维为核心的高级心理学习过程。

内化过程主要涉及三个要素：一个是想通过学习而获得新的知识、经验、技能、素质等的目标知识；另一个是通过学习，真正掌握而获得的新的知识、经验、技能、素质等的内化知识；还有一个因素是关于学习的工具、路径、方法、手段等的内化模式。要使外在的"目标知识"转变为学习者内在的"内化知识"，需要学习者发挥积极性和能动性进行"选择、获取、消化"。这个过程又是怎样进行的呢？瑞士心理学家和哲学家皮亚杰说得好："新知识只有通过人的头脑里原有认知结构的加工，才能被真正认识和掌握"。

知识生态学实践原则告诉我们，知识生态学的最终目的在于通过构思、实践和不断测试，为企业组织开发出具有自我意识、持续创新的进化系统，知识生态学的应用是一个实践的过程。在前面的讨论技术和知识的关系中，认为技术是一种知识，技术方面的难言知识的获得往往通过反复的实践，甚至是经历很多艰难的消化吸收才能逐渐把握的。我们就可以这样认为，技术消化吸收的本质是知识内化。

因此，技术消化吸收（知识内化）就可以概括为：从发达国家或地区引进新技术，加以消化吸收，成为企业自己的技术能力，并能从中学习、创新、研发出相关的新技术的知识运作过程。在技术消化吸收的研究中，我们要以创建高适应性的知识运作体系为目标，基于企业知识生态的有关理论，对技术消化吸收的风险决策（目标知识）、实施模式（内化模式）和动态评价（内化考核）等进行深入研究。

5.2　企业引进技术知识内化的决策研究

5.2.1　技术消化吸收风险决策的必要性

技术引进是一个国家的技术发展不可缺少的环节。目前我国对引进的技术一般采取两种措施：一种是尽快投入生产，获取销售利润，一旦技术落伍、产品过时，就考虑下一轮引进；另一种是进行消化吸收创新，获得超额利润。走出技术引进中的"怪圈"，改变行业落后状况，充分发挥技术引进的后发优势。我们当然欢迎后者的开拓精神，但也不必对前者进行过多的指责，因为他们都是理性的投资者，技术消化吸收一般需要很大的一笔经费，并存在着较大的风险，需要进行消化吸收风险投资分析。研究发现，特定信息会对决策产生一定的影响，因此本节先对信息与技术消化吸收决策的关系进行研究，然后进行技术消化吸收风险投资分析。

5.2.2 技术消化吸收市场风险生态特征

从投资的角度看，企业对引进技术进行消化吸收是一个组合投资问题，它基本上由无风险的引进投入生产销售和有风险的消化吸收组成。技术消化吸收的市场风险生态特征主要包括以下三方面：

外部环境多变，企业在技术消化吸收方面，要尽量避免多家科研机构同时消化同类同种"撞车"产品而产生资金损失的风险，而谋求获得独家消化吸收且有所创新。另外，还要避免过时风险。在技术消化吸收过程中，消化的技术可能与将来的市场不完全吻合，造成消化的技术过时的风险。同时，在知识产权方面，要尽量避免知识产权剽窃风险。

总之，由于以上几个方面原因，技术消化吸收工作存在着很大的风险，下面进行具体分析。

1. 外部环境生态因子

一般情况下，人们认为值得消化吸收技术的技术市场前景至少目前比较好，至于今后如何，则很大程度上依靠当事人对技术前景的预测和判断。如果该项技术可能只是短期的，市场上功能更多、更强的产品已经或即将出现，那么消化吸收就没有必要。若已经开始对其进行消化吸收，那么已经投入的资金也许就没有回报；再如在我们对某项技术进行消化吸收后，有多家企业对这项技术也进行了消化吸收，那么后期市场所能获得的利润可能被瓜分，我们投入的回报率也必然降低。如果发生前面假想的情况，但其他人中途退出，那么我们就可以独占消化吸收成果带来的利润；如果其他人中途退出，在此之前自己也已退出，那么我们也将失去这份利润等。

因此，环境的多变是客观存在的，技术消化吸收投资的风险也一定存在，只有充分掌握环境的各种信息，才能尽可能规避风险。

2. 时效生态因子

人类的一切生产实践活动都离不开时间，下面从技术消化吸收时间的角度分析技术消化吸收投资的风险，如图 5-2 所示。

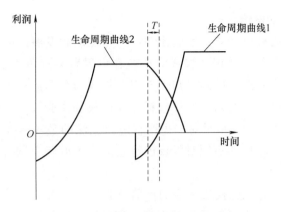

图 5-2　产品两轮生命周期曲线示意图

图 5-2 中，自左至右，分别是某产品的第一代、第二代的生命周期曲线。曲线在时间轴以下的部分表示产品在该时间段还未盈利，位于时间轴以上的部分则表示产品在该时间段已实现盈利；T 是旧产品利润开始下滑至新产品开始盈利的时间段。一般情况下，技术输出国开始技术输出的时间，多在该项技术的产品的利润空间开始走下坡路时，而在这之前，他们已开始新一轮产品的开发。从技术引进到新一轮产品的问世，是技术输入国进行消化吸收的时间。从图中虚线界定的时间 T 来看，留给技术输入国进行消化吸收的时间，相对于产品的生命周期来说很短，体现出较强的时效性；另外，某些先进技术，特别是产品的核心技术的消化吸收难度较大。因此技术引进企业在短期内能否完成消化吸收工作，是一个值得考虑的问题。

3. 知识产权保护生态因子

日本学者野中郁次郎认为：在现代竞争激烈的经济环境中，竞争优势的确定资源之一就是知识，成功的企业创造新的知识，并在企业内迅速扩散新知识，这是知识生态学的实践方向。因此，企业在实际工作中应做好知识的维护与保护。企业必须采用适当的手段建立知识库，并将各部门的最佳实践成果迅速扩散到整个企业，在追求企业内部知识共享的同时，也要注意对外界保护企业内部知识。近些年来，在部分企业中出现的技术剽窃现象，常使企业对引进技术是否值得消化吸收产生疑问。通过消化吸收获得的知识产权今后能否得到保护，是一个未知数，存在着风险。技术消化吸收中的知识产权保护问题较为复杂，因此需要对其进行独立的研究。

5.2.3 引进技术消化吸收中的知识产权保护研究

1. 知识产权的价值

当今无国界的科技交流，不但让知识得以传承和发展，更让智慧的创造转化为经济效益。于是，知识产权成为企业在世界贸易竞争中最具价值的优势，成为融入世界贸易的重要砝码，知识产权保护成为我国近年来社会经济生活中非常热门的话题之一。而知识产权包括工业产权和注册权，其中工业产权可分为专利、商标两大类型。最早对知识产权进行立法的是：1474 年威尼斯王国对专利权进行立法，1709 年英国对版权进行立法，1890 年美国首先对商标权进行立法。

知识经济中，知识产权最主要的价值就是对发明者的保护。在市场经济条件下，企业的资源受市场和回报的支配，当知识产权的价值为零或很低时，企业对于知识产权发明的回报自然会减少。在这种情况下，中国要从工业经济时代进入知识经济时代，保护知识产权和保护自主创新，就是一件很重要的事情。加强对知识产权的司法保护力度，打击严重侵犯知识产权的犯罪行为，不仅是中国开展对外合作的需要，也是我国进行自主创新、建设创新型国家的需要。

2. 我国知识产权的总体状况

当前我国知识产权的总体状况不尽如人意，企业授权专利数量不多，法院每年受理各种知识产权的案件呈高位的态势。

众所周知，技术引进是企业技术进化和资源积累的重要技术来源，是国际技术交流与合作的一种重要形式。在前面的章节中我们介绍了影响我国引进技术消化吸收的众多限制因子，其中一条就是知识产权保护方面的限制因子。因此，探讨在当前形势下我国企业如何加强知识产权的保护十分必要，可为后面技术消化吸收的风险决策提供参考。而博弈论是分析企业间此类问题强有力的工具，故本节应用博弈论的方法分析如何保护技术消化吸收的成果所形成的知识产权。

3. 消化吸收者和剽窃者博弈论模型[131-134]

在不影响所得结论的前提下，为了简化问题，我们给出以下假定：

假设 1：在不考虑重复引进的前提下，将博弈模型中的参与人类型限制为两类：消化吸收者和剽窃者。博弈中每类人的选择是确定的，要么是消化吸收者，要么是剽窃者，假定消化吸收者是忠实的工作者，即使有剽窃的机会也不会剽窃。

假设 2：消化吸收者（收益为 s）有两种战略可以实施：一是申办知识产权

保护，成本设为 c；二是不申办知识产权保护。如果市场上只有他们进行技术消化吸收，那么收益为 s，如果剽窃者也进行技术消化吸收，则均摊的收益设为 $s/2$。

假设 3：剽窃者也有两种战略可以实施：一是剽窃，成本设为 m，若消化吸收者申办了知识产权保护，则剽窃者将因剽窃被发现而被控侵权，设赔偿损失为 n；若消化吸收者没有申办知识产权保护，则剽窃者因剽窃成功而与消化吸收者进行收益均摊，均摊的收益为 $s/2$；二是考虑技术消化吸收。

假设 4：剽窃者的消化吸收工作一旦开展，就一定有结果，不再需要剽窃。

假设 5：剽窃者消化吸收需要的成本为 f。正常情况下剽窃者不会因为不能剽窃他人的消化吸收的成果就放弃生产经营，他们也会在不申办知识产权保护的环境下进行消化吸收，因此他们的收益为 $s/2-f$。这里的 f 一定大于剽窃成本 m，只有这样，剽窃者才会有进行剽窃的驱动力。

下面是消化吸收者和剽窃者进行博弈的支付矩阵，剽窃者在矩阵的上方，它成为第一种类型的概率是 p，成为第二种类型的概率是 $(1-p)$；左边是消化吸收者，它成为第一种类型的概率是 q，成为第二种类型的概率是 $(1-q)$。两者决策的可能结果列在支付矩阵中，对消化吸收者来说，实施的平均结果仅依赖于三个因素——它选择的战略、对手的战略和成为哪种类型的概率。在简单情况下，支付矩阵有四个单元，分别代表了消化吸收者、剽窃者选择不同策略时的各自的平均回报，具体情况如表 5-1 所示。

表 5-1　消化吸收者与剽窃者间的博弈（支付矩阵）

消化吸收者战略		对手（剽窃者）战略	
		剽　窃	消化吸收
	申办知识产权保护	$s-c,\ -n$	$s/2-c,\ \ s/2-f$
	不申办知识产权保护	$s/2,\ \ s/2-m$	$s/2,\ \ s/2-f$

在上述博弈中，不存在纯战略纳什均衡。根据纳什均衡存在性定理，在每一个有限博弈中，至少存在一个纯战略或混合战略纳什均衡，因此我们只能寻找混合战略纳什均衡。

如果消化吸收者选择申办知识产权保护的策略 x_1 时，则其市场期望回报为

$$E(x_1)=p(s-c)+(1-p)(s/2-c) \tag{5-1}$$

如果消化吸收者选择不申办知识产权保护的策略 x_2 时，则其市场期望回报为

$$E(x_2)=ps/2+(1-p)(s/2) \tag{5-2}$$

根据效用理论，那么消化吸收者的期望效用函数 U_X 为

$$U_X = q(p(s-c) + (1-p)(s/2-c)) + (1-q)(ps/2 + (1-p)s/2) \quad (5\text{-}3)$$

而
$$\frac{\partial U_X}{\partial q} = ps/2 - c$$

消化吸收者最优化的一阶条件为

$$\frac{\partial U_X}{\partial q} = 0$$

即为

$$ps/2 - c = 0$$

由此得
$$p^* = 2c/s \quad (5\text{-}4)$$

这意味着在混合战略纳什均衡中，剽窃者选择实施剽窃行为的概率为 $2c/s$，选择进行消化吸收的概率为 $1 - 2c/s$。我们求解的是消化吸收者最优化问题，而得到的却是剽窃者的一个混合战略。这恰恰说明了博弈中最实质的问题：自己的最优选择依赖于对手的选择。如果剽窃者选择实施剽窃行为的概率小于 $2c/s$，则消化吸收者将选择不申办知识产权保护；如果剽窃者选择实施剽窃行为的概率大于 $2c/s$，则消化吸收者将选择申办知识产权保护；如果剽窃者选择实施剽窃行为的概率等于 $2c/s$，则消化吸收者将随机地选择任何纯战略。

另外，从 $p^* = 2c/s$ 中可以看出，在消化吸收收益一定的情况下，当申办知识产权保护的成本 c 较大时，消化吸收者不愿申办知识产权保护的可能性更大，没有了知识产权的保护，剽窃者选择剽窃的概率就越大；同样，在申办知识产权保护的成本 c 不变的情况下，如果消化吸收的收益很大，剽窃者在重利的驱使下更可能选择消化吸收，而不愿冒险实施剽窃。

同理，剽窃者的期望效用函数 U_Y 为

$$U_Y = p(-nq + (1-q)(s/2-m)) + (1-p)(q(s/2-f) + (1-q)(s/2-f)) \quad (5\text{-}5)$$

而
$$\frac{\partial U_Y}{\partial p} = (m - n - s/2)q - m + f$$

剽窃者最优化的一阶条件为

$$\frac{\partial U_Y}{\partial p} = 0,$$

即
$$(m - n - s/2)q - m + f = 0$$

由此得
$$q^* = \frac{f-m}{n + s/2 - m} \quad (5\text{-}6)$$

也就是说，如果消化吸收者申办知识产权保护的概率小于 $\dfrac{f-m}{n + s/2 - m}$，则剽

窃者将选择剽窃；如果消化吸收者申办知识产权保护的概率大于 $\dfrac{f-m}{n+s/2-m}$，则剽窃者将选择消化吸收；如果消化吸收者申办知识产权保护概率等于 $\dfrac{f-m}{n+s/2-m}$，剽窃者将随机地选择任何纯战略。

从式子 $q^* = \dfrac{f-m}{n+s/2-m}$ 中我们也可以得出这样的一些结论：当自我消化吸收成本 f 较大时，剽窃者选择剽窃的概率就越大，消化吸收者更需要申办知识产权保护（概率 q^* 在增大）；如果剽窃者因侵权赔偿损失 n 较大，剽窃者选择剽窃的概率就越小，消化吸收者申办知识产权保护可能性也较小（概率 q^* 在减小）；同样，在剽窃成本 m 及侵权赔偿损失 n 都不变的情况下，如果消化吸收的收益很大，剽窃者在重利的驱使下更可能选择消化吸收，而不愿冒险实施剽窃，消化吸收者申办知识产权保护可能性就较小。

因此在这个博弈中，混合战略纳什均衡是 $\left(\dfrac{2c}{s}, \dfrac{f-m}{n+s/2-m}\right)$，剽窃者以 $\dfrac{2c}{s}$ 的概率选择剽窃，消化吸收者以 $\dfrac{f-m}{n+s/2-m}$ 的概率选择申办知识产权保护。

4. 意见与对策

1）技术消化吸收是引进企业健康发展的要求。我们不能存在侥幸心理，去专心研究怎样剽窃到别人的研究成果，因为完善的知识产权保护最终会让剽窃者受到应有惩罚。同时要把技术引进工作的重点放在引进消化吸收上来，不能再走重复引进的老路子，只有如此，企业才能走上健康发展的道路。

2）知识产权保护是知识管理的重要内容[135]。从企业知识管理的要素来看，企业知识管理的要素是知识资本和知识活动，因此企业知识管理的内容应该包括知识资本管理和知识活动管理，而知识资本管理又包括人力资源、组织结构、客户知识和知识产权的管理。关于企业知识管理的实施，邱均平等认为实施知识管理的宏观措施中应包括建立健全知识产权制度。从技术创新方面来讲，知识产权保护了创新者的经济利益，从而有力地激励了创新活动的深入；从技术扩散方面来讲，知识产权保证了扩散的有序进行。因此对技术消化吸收成果加以保护，保持知识产权的严肃性也是知识管理的重要内容。

3）知识产权保护应是全方位的保护，不仅要保护自己，还要保护别人，对国际、国内一视同仁，这样才能改变国际社会对中国知识产权保护的片面甚至是不恰当的看法，才能改善中国的国际形象，营造良好的知识产权国际环境。

4）相关措施

① 强化企业知识产权意识。目前在我国很多企业中，知识产权意识还比较

淡薄，知识产权常识不够普及，对技术的法律属性不够了解，致使被侵权吃亏和无意侵犯他人权益的事情时有发生。因此企业申办知识产权保护措施，已成为技术消化吸收和创新发展的前提条件。企业是技术引进消化吸收和创新的主体，如果技术被剽窃，它将是直接受害者。若增强防止侵权的意识，剽窃的成本 m 就可能增加，剽窃者选择剽窃的概率就会减小，消化吸收的知识产权就更能得到保护；若企业提高知识产权的意识，则误闯禁区的可能性就会减小，陷入被诉讼和赔偿对方损失的境地的概率降低。

② 充分发挥政府关于知识产权干预能力。首先，政府有关部门应牵头组织完善保护知识产权的相关法规，不让剽窃者有空可钻；其次，政府应加强侵权事件的处理力度，如果不能妥善处理侵害知识产权的问题，将导致企业引进技术消化吸收的风险增大，引进技术消化吸收所得的创新成果易被他人侵权，也会使企业从事技术消化吸收工作的积极性大打折扣；再次，由 $p^* = 2c/s$ 可知，如果申办知识产权措施的成本 c 很高，企业可能不愿意申办知识产权，没有了知识产权保护措施，剽窃者就会有恃无恐，使得企业引进技术消化吸收的风险增大，因此政府应为企业申请和注册专利等知识产权保护措施提供切实可行的政策条件，降低申请和注册专利的成本。

5.2.4 基于信息生态理论的消化吸收风险决策分析

1. 信息与信息生态[136-137]

首先我们应清楚决策不是选择方案的瞬间行动，它具有对信息收集、分析、判断、实施、修正等环节，因此它是一个过程，其中信息是一切行动的基础。信息最早的概念是"关于客观事物的可通信的知识"。关于信息的具体定义，至今没有定论，目前较受公认的说法是：信息是一个社会概念，它是人类共享的一切知识、学问以及客观现象加工提炼出来的各种消息之和。在风险暴露之前，人们希望得到某些信息来帮助决策，因此加强对现有相关综合信息的分析是动态风险管理的一个重要方面。

与生物生态类似，信息生态也具有多样性。多种信息通过需求得以集成，以便得到能够充分满足用户需求的综合信息。提供者使用的方法要正确，不仅要引导用户去关注某种信息，注重如何集中地收集、理解和利用信息，还要把所有能得到的信息媒介结合起来有效使用。另外需要说明的是，信息并不是简单地指储存在计算机内的东西，信息是集成存在于多种介质的可存取使用的知识。

2. 消化吸收风险决策中的信息生态分析[138-145]

这里我们把物质财富（资金）和智力财富（人才）统称财富，用 W 表示，无风险资产的收益率为 r，风险资产的期间收益率是一个随机变量 z。投资者的目标是技术引进后总经济效益最大，即资产组合 $(W-a, a)$ 最优，其中 $W-a$ 用于投资无风险资产；a 用于投资风险资产，$w_0 = W(1+r)$ 为无风险策略的未来价值。

我们现做出以下两点假定：

假定 1：企业进行消化吸收的财富非常充裕。

假定 2：获得的信息皆为真信息，且具有正价值。

研究技术能否消化吸收考虑的风险处境，为前面的三种市场风险生态特征，用三个空间的状态 $x = 1$，2，3 表示。向量 $\boldsymbol{\Phi} = (\phi_1, \phi_2, \phi_3)$ 表示这些状态发生的概率，也称先验（Prior）概率。在状态实现之前，决策者观察到一个信息，令 M 为潜在的信息数量，它由 $m = 1$，…，M 表示，向量 $\boldsymbol{Q} = (q_1, \cdots, q_M)$ 代表不同信息的非条件概率向量。信息在统计上潜在地与状态相关，因此观察到信息后，可以使决策者利用贝叶斯规则修正状态的概率分布，这一统计关系有后验概率矩阵 $\boldsymbol{P} = [P_{mx}]$ 描述：

$$\boldsymbol{P} = [P_{mx}], m = 1, \cdots, M, x = 1, 2, 3$$

式中，P_{mx} 表示在观察到信息 m 条件下状态 x 实现的后验概率；向量 $\boldsymbol{P}_m = (P_{m1}, P_{m2}, P_{m3})$ 表示在信息为 m 时的后验（Posterior）概率。由基本的概率计算知综合概率为

$$\boldsymbol{\Phi} = \sum_{m=1}^{M} q_m p_m = \boldsymbol{QP} \tag{5-7}$$

在得到信息之后，及在观察到可能状态之前，当事人必须在面对剩余不确定性的条件下做出决策。在最为一般的公式中，当事人的最终效用 $u(a, x)$ 取决于其决策 a 和空间状态 x。当事人对 a 的选择是受到限制的，它必须属于一个非空集合 B，a 一般小于 W。

假设在不确定性条件下，当事人的偏好满足冯诺伊曼和摩根斯特恩公理，那么他的决策问题为

$$U(P, Q) = \sum_{m=1}^{M} q_m \left[\max_{a \in B} \sum_{x=1}^{X} P_{mx} u(a, x) \right] \tag{5-8}$$

方括号中的项为在观察到信息 m 时，决策制定者能够得到的最大期望效用。信息 m 产生一个后验概率向量 $\boldsymbol{P}_m = (P_{m1}, P_{m2}, P_{m3})$。在得到信息之前，期望效用的最大值 $U(P, Q)$ 是这些后验期望效用最大值的加权和，其权数为他获得各种可能信息的概率。我们构造这样的一个函数 f

$$f(p_m) = \max_{a \in B} \sum_{x=1}^{X} p_{mx} u(a, x) \tag{5-9}$$

它表示后验概率向量 p_m 给定时的最大期望效用，与之相联系的是在后验概率给定时的最优解 $a(p_m)$，等式改写如下

$$U(P,Q) = \sum_{m=1}^{M} q_m f(p_m) \tag{5-10}$$

但在做出决定之前，缺乏任何信息来源，决策制定者的问题写为

$$U(\Phi) = \max_{a \in B} \sum_{x=1}^{X} \phi_x u(a,x) \tag{5-11}$$

因此如果要知道最优解 $a(p_m)$，我们需要研究函数 f 的性质，下面我们分两种情况来讨论：

第一种情况，当函数 f 对向量 p_m 是线性的，最优决策 a 独立于后验概率向量 p_m，那么由当前空间状态和先验概率再结合效用函数就可直接确定 $a(p_m)$。

第二种情况，一般最优决策将受到概率变动的影响，我们考虑目前的技术消化吸收市场存在的不确定环境是前面三种状态。在此情形下，一个特定的后验概率分布由马奇纳三角形中的点 (p_{m1}, p_{m3}) 描述，且有 $p_{m2} = 1 - p_{m1} - p_{m3}$。技术消化吸收的投资组合决策问题写为：$u(a,x) = u(w_0 + ay_x)$，这里 y_x 为投资每一单位货币量的状态依存净收益。现假设当事人可以在项目中投资 a 为 0 或 200 万人民币，那么有

$$f = \max\{u(w_0), p_{m1}[u(w_0+y_1)-u(w_0+y_2)] + p_{m3}[u(w_0+y_3)-u(w_0+y_2)] + u(w_0+y_0)\} \tag{5-12}$$

它是 (p_{m1}, p_{m3}) 的双线性函数的最大值，在马奇纳三角形中画出双线性函数，用来表示技术消化吸收后验概率函数的期望效用，如图 5-3 所示。令 $y_1 = -1$，$y_2 = 1$，$y_3 = 2$，$w_0 = 2$ 和 $u(z) = -z^2$，两平面分别代表 $a=0$ 和 $a=2$ 的期望效用。图中两平面的上包络代表最大期望效用，显然它代表一个凸函数。

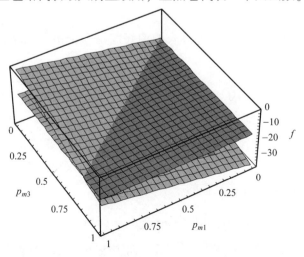

图 5-3　技术消化吸收后验概率函数的期望效用示意图

因此，从信息所产生的后验概率与投资期望效用图中可得出以下结论：

当 p_{m1} 值较小时，最好不要对消化吸收项目投资，并且 $f(p_m) = u(w_0)$；另一方面，当 p_{m1} 值足够大时，投资于消化吸收是最优的，并且 $f(p_m) = \sum_{x=1}^{3} p_{mx} u(w_0 + y_x)$。

我们在假定信息有正价值的前提下，得出投资于消化吸收的最优条件。但这种假设是否成立，仍需要对信息价值进行判定。可以根据使用效果衡量信息价值，即按照获得信息得到的决策值与不收集情报所得的最好收益值之差。现在我们将具有信息结构 (P,Q) 的先验最优化期望效用与无任何信息的最优化期望效用进行比较，考察信息流对空间状态不确定性的影响。接上面的分析，在无后验信息的条件下，假定先验概率的分布为 $\varPhi = (0.4, 0.5, 0.1)$。这一概率由图 5-4 中马奇纳三角形中的点 a 表示，虽然其净支付的期望为正，但承担这一风险显然不是最优的，在图 5-5 中它用点 A 表示。

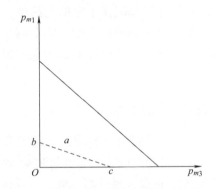

图 5-4　马奇纳三角形中先验概率的分布图

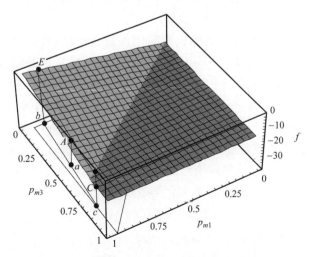

图 5-5　马奇纳三角形中的信息价值示意图

假设当事人可以获得能否消化吸收的信息来源，如获知同行中一家已开始对同项技术进行消化吸收（信息 b）和政府准备加强对企业的消化吸收的成果知识产权保护力度（信息 c）两条可能的等概率消息（$q_1 = q_2 = 0.5$），后验概率向量分别由图中 b 和 c 点表示，如果获得信息 b，后验分布假定为（0,0.8,0.2），由于净支付的期望值为负，当事人不消化吸收，在此情况下，其期望效用等于 -16；如果获得信息 c，后验分布假定为（0.7,0.3,0），净损失的概率为0，在此情况下，消化吸收其期望效用等于 -4.8，故获得信息之后，期望效用为：$0.5 \times [(-4.8) + (-16)] = -10.4$，它大于不知情当事人的期望效用 -16。这意味着信息具有正价值，也就是说 f 对概率向量为凸。即

$$\sum q_m f(p_m) \geq U(\Phi) = \max_{a \in B} g \sum_{x=1}^{X} \phi_x u(a,x) \tag{5-13}$$

图 5-5 中，当事人的事后期望效用由在 bc 区间内的点表示，它严格在点 A 的上方，因此我们可以说，信息的价值在于它的灵活性，收集到的信息能使当事人的决策更好地适应于他所面对的风险环境。完全的多样性的信息及其集成能使当事人对事态做出正确的判断，使得收益最大化，损失最小化，能尽可能规避风险。

5.2.5 消化吸收风险决策模型的建立

前面提到，企业对引进技术进行消化吸收，是无风险的引进投入生产销售和有风险的消化吸收组合投资的问题，故可借鉴阿罗（Arrow）和普拉特（Pratt）的静态投资组合模型，重点考虑外部环境、时效性和知识产权保护三大市场风险生态因子，来构造技术消化吸收决策模型，以帮助企业实现对引进的技术是否进行消化吸收做出正确的决策。

接前面的分析，假设投资者的投资效用函数递增且为凹函数，其财富资产 W 可以投资于一项无风险资产和一项风险资产，无风险资产的收益率为 r，风险资产（a）的期间收益率是一个随机变量 $\bar{x}_0$。投资者的目标是技术引进后总经济效益最大，资产组合（$W-a,a$）最优，在期末的组合的价值为

$$(W-a)(1+r) + a(1+\bar{x}_0) = W(1+r) + a(\bar{x}_0 - r) = w_0 + a\bar{x} \tag{5-14}$$

式中，$W-a$ 投资于无风险资产；a 投资于风险资产；$w_0 = W(1+r)$ 为无风险策略的未来价值；$\bar{x} = \bar{x}_0 - r$ 为风险资产的超额收益。令 F 为随机变量 $U(a)$ 的累积分布。投资者的问题是选择 a 以最大化期望效用 $U(a)$。

$$\max_a U(a) = Eu(w_0 + a\bar{x}) \tag{5-15}$$

假设 $U(a)$ 是可导的，这一问题的一阶条件写为

$$U'(a^*) = E\bar{x}u'(w_0 + a^*\bar{x}) = 0 \tag{5-16}$$

式中，a^* 是对风险资产的最优需求，因为目标函数 $U(a)$ 是风险厌恶条件下的决策变量 a 的一个凹函数

$$U''(a) = E\,\bar{x}^2 u''(w_0 + a\,\bar{x}) \leqslant 0 \tag{5-17}$$

由于 $U(a)$ 是凹函数，$U'(0) = u'(w_0) E\,\bar{x}$ 的符号决定 a^* 的符号，也就是 $E\,\bar{x}$ 和 a^* 的符号相同。

通常的情形是：如果不对效用函数的形式做进一步假定，不确定性经济学中的问题很难解决，现设效用函数的形式为

$$u(z) = p\left[c + \frac{z}{t}\right]^{1-t} \tag{5-18}$$

式中，参数 p 代表外部环境风险概率；c 代表有知识产权保护环境下可能获的效益值，从而此效用函数为递增且凹的。在此情况下，式（5-16）一阶条件重写为

$$E\,\bar{x}\left[c + \frac{w_0 + a^*\,\bar{x}}{t}\right]^{-t} = 0 \tag{5-19}$$

为了求解式（5-19），我们首先求解下述问题

$$E\,\bar{x}\left[1 + \frac{a\,\bar{x}}{\gamma}\right]^{-\gamma} = 0 \tag{5-20}$$

式中，$0 < \gamma < 1$，上式的解 a 仅与 $\bar{x}$ 和 γ 有关，因此满足上式成立的值 a 就是最优投资，它是 $\bar{x}$ 的分布以及凹性系数 γ 的函数。

从而可得，方程（5-19）的一般解是 $a^* = a\left(c + \dfrac{w_0}{\gamma}\right)$，因为

$$E\,\bar{x}\left[c + \frac{w_0 + a\left(c + \dfrac{w_0}{\gamma}\right)\bar{x}}{\gamma}\right]^{-\gamma} = \left(c + \frac{w_0}{\gamma}\right)^{-\gamma} E\,\bar{x}\left(1 + \frac{a\,\bar{x}}{\gamma}\right)^{-\gamma} = 0 \tag{5-21}$$

因此，通过对 w_0 一个单值解的一阶条件，将得到对 w_0 的所有值的 a^* 最优解，而 a^* 正是对风险资产的最优需求，进而得出投资于无风险资产的 $W - a$，和投资于风险资产的 a，最优资产的价值组合为：$(W - a, a)$，如果 a 等于零或较小，说明企业目前进行消化吸收的条件尚不具备，应走引进后生产销售的道路，完成财富积累，在内外条件成熟的情况下，考虑在下一次引进后的消化吸收；如果 a 较大，企业应抓住机遇，走消化吸收之路，故此标准投资组合模型可帮助我们对当前条件下，企业能否进行消化吸收做出正确的决策。

这里有个问题：a 是否有界？现假定 $E\,\bar{x} > 0$，式（5-16）有解，则 a 一定有界；如果不这样，就用 $-\bar{x}$ 代替 $\bar{x}$，用 $-a$ 代替 a。

只要 $\lim\limits_{a \to +\infty} U'(a) < 0$，即

$$\left[\lim_{z \to -\infty} u'(z)\right] \int_{-\infty}^{0} x \mathrm{d}F(x) + \left[\lim_{z \to +\infty} u'(z)\right] \int_{0}^{\infty} x \mathrm{d}F(x) < 0 \qquad (5\text{-}22)$$

分析上述不等式，如果财富趋向于 $+\infty$ 时，u' 趋向于 0，或者如果财富趋向于 $-\infty$ 时，u' 趋向于 $+\infty$，上述不等式仍然成立。故 a 始终有界。实际情况一般 a 小于 W，它的临界值是风险资产的超额收益等于零（$\bar{x}_0 = r$）。

另外，我们也能从中得出内在条件，在最优的风险暴露和财富水平之间存在线性关系，也就是说，物质财富（资金）和智力财富（人才）之和 W 越大，投资于风险资产 a 也越大，这也比较容易理解，等价于资源较充足的企业进行消化吸收的可能性和必要性更大。

需要说明的是，当事人对风险的态度，对消化吸收的风险决策起着非常重要的作用。由于风险厌恶有助于衡量风险承担者对风险的满足水平，因此我们希望决策制定者是风险厌恶的。人类在其基因和偏好方面是有差异的，如果当事人是一个风险厌恶者，与一个有不确定收益的交易相比，他更乐于接受另外一个更保险的，但是也可能具有更低期望收益的交易，这种对风险的偏好就是风险厌恶。前面我们所设效用函数的形式式（5-18）恰好属于调和绝对风险厌恶（HARA）的类型，因此前面得出的结论较符合理性投资者的决策需求。

另外，政府的政策环境也会对技术的消化吸收的决策产生影响，如果政府在经济上对企业的消化吸收不支持，无任何免税政策，或对已有的知识产权保护贯彻不力等，都会对作为消化吸收的主体企业的决策产生不利影响。

5.3 基于企业生态理论的技术消化吸收操作模式研究

通过对技术引进消化吸收风险决策研究，在技术消化吸收实施过程中，笔者基于企业生态的有关理论，建立研发中心、技术预测、实施流程三位一体的操作模式[145]。

5.3.1 技术消化吸收研发中心的构建

为加强技术消化吸收的研发中心构建，企业和技术引进工作有关部门应先解决好以下几个方面的问题：

1. 构建企业文化生态

企业文化是企业成员共同遵守的管理理念、核心价值观、行为准则和行为模式体系，它代表了大多数企业成员共有的思维方式和行为方式，这种共有程度越大，企业文化就越发达。关于企业文化的相关研究较多，其核心思想均认为企业文化应该包含物质文化和精神文化。而制度文化又是物质文化的实现条件，所以企业文化还应包含制度文化。这样物质文化、精神文化和制度文化构成企业文化的主要内容，从三个维度描述了企业文化的基本状况。

物质文化是由企业的行为、产品、形象、环境、科技状况等构成。企业的激励机制和成果归属需要物质文化的引领和规范。消化吸收工作时间短、智能化程度高，俗话说"重赏之下，必有勇夫"，所以必须对有突出贡献的个人和集体采用一定的激励机制。另外，为了稳定队伍，抽调的相关技术人员一般要求是专职的，并要适当提高其待遇。技术消化吸收的成果原则上归研发中心所有，提供资金和人才的单位也均可享受技术消化吸收的成果。

制度文化包括企业的规章制度、领导体制、组织机构、民主制度等内容。我国的技术引进工作的主管部门，要在企业技术引进的同时，建立健全完善的规章制度，促进技术引进和技术消化吸收管理的融合。

精神文化包括组织目标、组织哲学、组织精神、组织道德等内容。研发中心应加强对行业中引进技术各企业的思想指导工作，让他们站在行业共同发展的高度，带着民族产业发展的危机感和急迫感，去尽快消化吸收引进的技术，改变行业落后状况，走出技术落伍的困境。

总之，企业在构筑技术消化吸收研发中心时，应高度重视企业文化生态的问题。文化生态的三个方面是相互制约、相互促进的。一个方面发生变化，其余两方面也将发生变化。企业成员就是在这种企业文化场中工作的，每个成员的行为取向或者积极顺从，或者消极对抗，这就像磁场中物质的顺磁性与抗磁性一样，究竟采取何种趋向，取决于磁场的方向和强度。企业文化是组织中的一种"磁场"，其方向和强度是精神文化、物质文化、制度文化三个方面联合作用的结果。

2. 保持金融生态平衡

现代金融体系具有明显的生态特征，表现出由简单到复杂渐次演化、发展进步、面临优胜劣汰的激烈竞争、产品多样、普遍联系和动态平衡等特点。金融生态建设就是要塑造金融体系动态平衡的内外环境，强化金融业自我调节、自我适应的生态功能，防止金融结构的扭曲、失衡，为经济发展、社会和谐进步提供资金融通、要素组合、信息引导等方面的有效支持。我国消化吸收的研发中心资金来源原则上应该由国家出一部分，由行业中引进技术的企业出一部分，其中，有的企业可能需向某些金融机构贷款。据有关资料显示，日本在对引进技术消化吸收中，企业与政府分摊出资的比例为 2∶1，我国应视具体情况进行资金配比，但资金总额不能过少，以便确保消化吸收质量。与此同时，也不能因为其他原因抽调资金，而影响企业正常生产，同时要防止金融结构的扭曲、失衡。

3. 完善人才生态[146-148]

进行消化吸收的队伍应由政府技术引进工作主管部门牵头组织，打造一条完整的人才生态链状的科研团队进行协同开发。人才生态链与生物生态链一样，也呈金字塔形状，越是处于底层的种群，相应的数量越庞大，而处于高端的种群则是少数。一个地区不仅应吸引高级人才，还必须有相当数量的中初级人才与他们匹配，使不同类型、不同层次、不同产业的人才共生共荣，这种人才结构的和谐，才能发挥整体优势效应。

（1）技术消化吸收团队构成　大家知道，所谓科研团队，是以科学技术研究与开发为内容，由技能互补、愿意为共同的科研目的、科研目标而相互承担责任的科研人员组成的研究群体。因此，按照人才生态链理论，完成技术消化吸收的团队一般应由以下成员组成：消化吸收队伍的领导者、高级科技人员、中级科技人员、初级科技人员、高级技工人员、熟练操作工人。消化吸收队伍的领导者又可分为行政领导和学术领导，行政领导主要负责消化吸收团队的日常管理工作，如人员安排、考评，经费解决，试验材料采购等，这一职务一般要由消化吸收的主体企业中的领导担任；学术领导主要对所要消化吸收的方向、研究的思路进行宏观把握。高级科技人员一般是业内的精英，是消化吸收出成果的中坚力量，他们的作用非常大。但不能因为如此我们就忽视了其他成员的作用，特别是高级技工人员、熟练操作工人的作用。对技术消化吸收团队建设进行研究，有利于从人力资源方面保证消化吸收的质量。消化吸收团队的构成如图 5-6 所示。

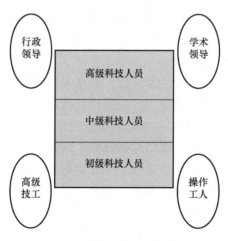

图 5-6　消化吸收团队构成图

（2）技术消化吸收团队建设　要想技术消化吸收早出成果、出大成果，团队中的成员一个也不能少。关于团队建设理论国内外有较多研究成果，这些研究都是希望通过成员的协同努力，产生积极的协同作用，使团队的绩效水平远远高于个体成员绩效的总和，也就是产生"1＋1＞2"的效应。针对消化吸收团队特点，需要强调以下两点：

1）完善消化吸收队伍的成员构成。新中国成立初期至"七五"计划实施期间，我国对引进的技术（主要是苏联的技术）消化吸收有一定成效，有力地促进了民族工业的发展。那时虽然拔尖的高级科技人员较少，但技工人员对设备的不厌其烦地拆装、测绘，为消化吸收技术提供了很多宝贵资料。现在提到消化吸收国外先进的技术，很多人就由定性思维认为，那需要高层次人才，海外留学回国就业的人才更佳，很少人会想到普通的技工人员。实际上有些工作必须由这些普通的技工人员来做。若认为高层次人才是样样在行，让技工人员没有市场，将会导致技工队伍不足，技工人员的缺失会影响到消化吸收技术成果的最终运用。当然导致这些队伍不足的原因应该是多方面的，如科技体制存在不足等。为了搞好技术消化吸收，我们应该重建并完善消化吸收队伍。

2）完善消化吸收队伍的人才生态环境。人才资源生态环境是一个立体的结构，其主体构架由三个层次组成：第一层次即基础层次，是充分满足人才生理、生存需要的优良的自然、地理、经济、政治及政策环境；中间层次是充分满足人才需要的文化、舆论和人文环境；最高层次是充分满足人才实现其价值的体制、制度和机制环境。三个层次在人才环境中互为条件，不可或缺。我们在强调消化吸收队伍完整性的同时，更要创造良好的人才资源生态环境。如果处理不当，就会挫伤一部分人在团队中从事工作的积极性，从而降低了团队的凝聚力，影响团队最大效能的发挥。做好了这方面工作，就能发挥团队中所有人员的能动性和创造力，做到人尽其才。

5.3.2　技术消化吸收中的技术预测

技术预测是通过组织专家对各类项目的重要性和实施时间等方面进行分析评价，以期把握引进技术未来的发展方向和研发目标。通过技术预测，可以合理地利用人力、物力，优化资源配置，尽快实现技术消化吸收，在对社会经济发展具有重大影响的关键技术领域和新技术等方面能取得突破。在技术预测中，我们可以把重要度指数作为一项主要指标，其中包括要考虑专家对项目的熟悉程度不同并加以改进[148]。同样的一项新技术，对不同的企业或技术人员在技术预测结果上可能是完全不同的。如果引进技术的一方技术能力较雄厚，水平较高，即拥有较高的技术优势，那么企业吸收新技术就比较容易。反之，若引进企业某方面基础薄弱，则其对技术消化吸收不易，甚至不能吸收。因此，我们在进行技术预测时，锁定"要消化吸收技术"的方向会有所改变，或者考虑降低原锁定技术消化内容的难度。另外，在进行技术预测中，信息的作用越来越突出，要消化引进的技术，一方面要获得供应方的技术或各种技术秘密；另一方面要充分运用自己现有的信息，即企业现有的技术档案。准确的技术预测是搞好消化吸收的必要条件，技术预测具体的功能有：进一步明确哪些需要技术消化吸收；在诸多需要消化吸收的技术中，要进行筛选分清消化吸收的次序。

5.3.3 技术消化吸收的实施流程

1. 技术消化吸收的步骤及流程

技术的消化吸收是一个不断摸索的过程，在实施技术消化吸收的过程中，应遵循以下的程序或步骤：

1）消化吸收的准备。首先要明确消化吸收的目标、进度等相关要求。然后选拔人员，组成消化吸收队伍，进行相关资料收集整理、外出考察、学习培训等，进行知识储备。

2）消化吸收的循环演绎。先初步吸收，通过研读技术输出方提供的图样、技术资料，进行技术分解，然后针对技术队伍中每个人的专长进行分工，在反复试验的基础上，对研究的零散成果进行组装调试，当达到原定要求时退出循环，否则再回到重新研读对方提供的图样、技术资料这一步，继续执行下去。

3）对涉及行业外的技术问题，这不是本研发中心能够解决的，应由国家主管部门协调，另行研究。

详细的引进技术的消化吸收流程如图 5-7 所示。

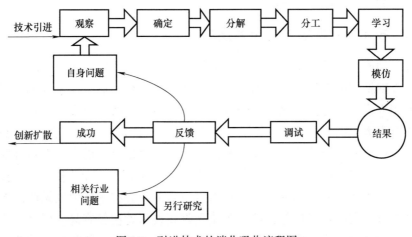

图 5-7　引进技术的消化吸收流程图

当前我国引进的技术既有硬件方面的，也有软件方面的。应遵照以上步骤，分析引进技术中的每个步骤或程序中的每个语句，了解它们的功能和作用，踏踏实实做好每一步技术消化吸收工作。

2. 引进技术消化吸收系统时间与功能模式

从以上分析可以看出：一个较完善的引进技术消化吸收系统，从时间上看，引进技术消化吸收系统时间模式如图 5-8 所示。

图 5-8　引进技术消化吸收系统时间模式示意图

从功能上看，引进技术消化吸收系统功能模式应遵循航船模式，如图 5-9 所示。研究中心是从事消化吸收工作的载体和基础，其中资金是船，人员是水手；技术预测是雷达探测系统，用来确定方向，以防触礁或迷失方向，体现出技术消化吸收是一个摸索前进的过程。

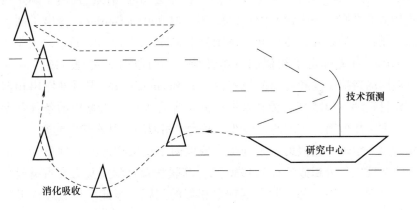

图 5-9　引进技术消化吸收系统功能模式示意图

5.4　基于相似理论的技术消化吸收评价模型研究

不以规矩，无以成方圆，技术的消化吸收也如此，没有消化吸收结果的动态定量评价考核，消化者就没有从事这项工作足够的压力和动力，因而进行技术引进后消化吸收结果的动态定量评价，有着非常重要的现实意义。故本节基于仿生相似理论，对技术消化吸收的结果进行动态定量评价，便于我们监督考核消化吸收结果，抓住可能出现的主要矛盾，改进消化吸收工作，使评价动态量化，不浮在面上，客观地反映消化吸收的实际情况，远离过去对消化吸收成效一贯笼统的说法，排除"还可以""还行"之类的模糊评价结果，建立定量评价模型，使得消化吸收成效更为显著。

5.4.1 相似理论简介

1. 相似与相似理论[149]

相似是指自然界中两个及两个以上现象，在表象及内在规律性方面的一致性。相似理论是说明自然界和工程中各种相似现象相似原理的学说，是研究自然界中个性与共性或特殊与一般的关系，以及内部矛盾与外部条件之间的关系的理论。相似理论主要用于指导模型试验，确定模型与原型的相似程度等。随着相似概念的外延日益扩大，相似理论有从自然科学领域扩展到包括经济、社会科学以及思维科学和认知哲学领域的趋势。

2. 相似理论的发展简史[150]

相似理论主要由相似三定理组成，它经历了一个逐步发展和完善的过程。1686 年，牛顿（Newton）研究解决了两个物体运动的相似，提出了确定两个力学系统相似的准则——牛顿准则；1782 年，傅立叶（Fourier）提出了两个冷却球体温度场相似的条件。1848 年，法国科学家贝特朗（Bertrand）以力学方程的分析为基础，首先确定了相似的基本性质——相似第一定理。1911 年 ~ 1914 年，由俄国的费捷尔曼和美国的波根汉（E. Buchingham）先后推导出相似第二定理，即 $\prod$ 定理。1925 年，爱林费斯·阿法那赛夫以最为宽松的条件证明了相似第一定理、相似第二定理的正确性。至此，相似理论基本建立起来。

相似第一定理、相似第二定理是在假设两个现象相似的条件下导出的，但如何判断两现象是否相似？直至 1930 年，苏联学者基尔皮契夫和古赫曼提出了相似第三定理，回答了如何判断两现象相似的问题。至此，相似理论形成了较为完整的理论体系。

5.4.2 技术消化吸收定量评价模型的建立

相似性系统是指系统间存在相似性要素和相似特性的系统。自然界中，相似性系统是普遍存在的，只是相似程度大小不同而已。从前面的技术消化吸收的定义可以看出，技术消化吸收的结果是指对引进技术的各组成模块分析研究后，自己模仿设计或加工制造出来的"产品"。消化吸收的现行结果与引进技术本身可构成一对相似的系统，对其的定量评价就是要计算它截至某个时间点，企业对引进技术到底熟悉、理解多少，掌握到什么程度，模仿能力到达什么水平？这其中技术结构、部件功能和时间是我们需要考虑的几个重要方面。在消化吸收现行结果组成的系统中，技术结构是指技术的组成模块或部件；功能是指各模块或部件的属性和特征；时间在消化吸收的结果评价中是一个必须考虑的方面，因为在无限期的情况下，人类对知识和技术的掌握，最终会使两个相似的系统趋向于完全相似，离开了时间，评价也就失去了意义。从前面对消化吸收市场风险生态特征分析中可以看出，留给技术输入国进行消化吸收时间（T）相对产品的生命周期来说是很短的，因此评价消化吸收效果好不好，时间是一个重要的衡量标准。

既然引进技术和消化吸收成果可看作一个相似的系统，那么，应用相似系统理论建立消化吸收定量评价模型就应该是可行的。下面在前人相似系统数学模型的基础上，构造出技术消化吸收相似系统数学模型[151]，如图 5-10 所示。

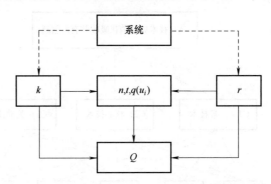

图 5-10　技术消化吸收相似系统数学模型构成图

图中 k 为引进技术本身的要素数目；r 为技术消化吸收结果的要素数目；n 为系统相似要素数目；t 为开始实施消化吸收到进行效果评价相隔的时间；$q(u_i)$ 为相似元的值，也就是相似要素特征数目相似度值。

从上述模型构成图可知，相似性系统的相似程度是多元函数，其简单的数学描述为

$$Q = f(k, r, n, t, q(u_i)) \tag{5-23}$$

式中，$i = 1$，2，$\cdots$，n；$1 \leqslant n \leqslant \min(k, r)$；$k = 1$，$2$，$\cdots$，$N$；$r = 1$，$2$，$\cdots$，$N$。

根据相似系统理论给出的相似计算数学描述，可从元素数值上的相似程度和相似元数值相似程度来考虑静态相似度的数值。

元素数值相似程度可由 Q_n 来计算

$$Q_n = \frac{n}{k + r - n} \tag{5-24}$$

每一相似元值对系统相似度的影响程度可以不等，分别取不同的权重系数，

给出相似元数值确定的相似度，记为 Q_u，即

$$Q_u = \sum_{i=1}^{n} (\beta_1 q(u_1) + \beta_2 q(u_2) + \cdots + \beta_n q(u_n)) = \sum_{i=1}^{n} \beta_i q(u_i) \quad (5\text{-}25)$$

其中，权重系数的具体确定方法可由层次分析法给出（AHP）[152]。现把技术分为：一般技术、核心技术、关键技术。考查技术消化吸收后的效果，应注重考核以下几个方面：功能模块数量是否齐全；各项指标是否达到或超出，其中包括精度指标、能耗指标、环保指标、强度指标、寿命指标等；外观、体积（机械部件的大小或软件程序的繁简）是否美观、灵巧；可视化程度和可操作性等是否良好。而我们的总体目标是技术完全消化吸收并能有所创新，技术消化吸收再创新成果层次分析示意图，如图5-11所示。

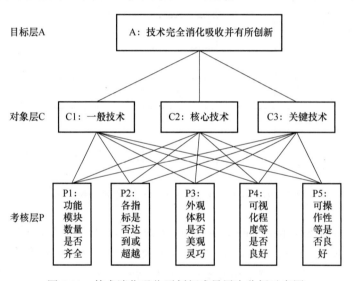

图 5-11　技术消化吸收再创新成果层次分析示意图

有了层次分析框图，下一步工作是构造判断矩阵。判断矩阵元素的值反映了人们对各元素相对重要性的认识，一般采用数字 1～9 及其倒数作为标度方法。具体步骤为：首先确定判断矩阵（A—C），即实现消化吸收总目标下的对象层各自的相对重要性，由各方面人员给予评定，核心技术显然更为重要，需根据具体情况给出一个相应的具体数值；然后再分别用上述方法确定（C—P），即各分对象与考核项的相对重要性，通过计算判断矩阵的特征值和特征向量，即可求出下层各生态因子对上层生态因子的权数，进行层次单排序，为层次总排序做准备；汇总层次单排序结果，计算层次总排序值，即可求出各指标对总目标的权值与排序情况；最后的结果即确定的$(\beta_1, \beta_2, \cdots, \beta_n)$。在代入式（5-25）前需要作一致性检验。

对于相似系统度量来说，系统间存在一定的相似元素，且每一相似元素存在一定相似程度，两者不可缺少，参考合一算法，静态系统相似度计算公式如下：

$$Q_x = Q_n Q_u = \frac{n}{k + r - n} \sum_{i=1}^{n} \beta_i q(u_i) \tag{5-26}$$

再结合时间来研究动态的系统相似度，一般我们以 T 的结束时间 t_0 为分界线，其中时间（T）是产品的生命周期中技术输入国进行消化吸收时间。若评价点时间 t 距离 t_0 左方向远，则表明消化吸收时间比较短，如果静态评价相似，对其最终评价的结果应该是积极的；反之，若评价点时间 t 距离 t_0 右方向远，也就是说消化吸收时间过长，即使静态评价很相似，对其最终评价的结果也是要打折扣的，动态的系统相似度 Q 与评价时间 t 的关系如图 5-12 所示，它是基于 Q_x 在某一个确定值下，Q 动态变化情况。

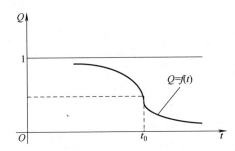

图 5-12　动态的系统相似度 Q 与评价时间 t 的关系图

从上图中研究发现，动态的系统相似度比较符合这样的规律，它是系统相似度（静态）的一个指数函数，即：

$$Q = \begin{cases} (Q_x)^{\frac{t}{t_0}} & t \text{ 越小,使 } Q \text{ 在小于 1 的范围内放大越多} \quad t < t_0 \\ Q_x & t = t_0, \text{正点时间} \quad t = t_0 \\ (Q_x)^{\frac{t}{t_0}} & t \text{ 越大,使 } Q \text{ 在小于 1 的范围内缩小越多} \quad t > t_0 \end{cases} \tag{5-27}$$

综合考虑相似系统的结构、功能和时间，得出进行技术消化吸收定量评价模型为：

$$Q = \left[\frac{n}{k + r - n} \sum_{i=1}^{n} \beta_i q(u_i) \right]^{\frac{t}{t_0}} \tag{5-28}$$

式中，相似度的值是一个小于或等于 1 的数，越靠近 1 说明相似度值大，消化吸收的效果越好。动态的定量评价模型有利用鼓舞消化吸收者（t 距离 t_0 较远）或鞭策消化吸收者（t 距离 t_0 较近），能够给消化吸收者的劳动一个合理的评价。

本 章 小 结

在企业知识生态理论的基础上，本章重点研究了技术引进消化吸收三大步骤——风险决策、实施模式及动态效果评价，并给出了技术消化吸收的决策模型、提出了三位一体的技术消化吸收实施模式、构建了技术消化吸收效果的定量评价模型。

第6章

基于生态位理论的我国技术引进消化吸收再创新研究

美籍奥地利经济学家熊彼特于1912年在《经济发展理论》一书中，首次提出技术创新（Technology Innovation）的概念。随着时代的发展，技术创新已发展为独立的分支学科。在近百年的历史中，经济学家站在经济的角度研究技术创新，管理学者和企业家站在管理控制的角度探讨技术创新的过程与成功模式，关于技术经济、技术创新过程模式、创新过程管理、创新战略等方面的文献数不胜数[153-157]。

研究"技术创新"就需要"创新"，因此本书作者在前人的精辟论断和思想精髓启发下，力图从一个崭新的视角探求在技术消化吸收基础上的创新模式。

6.1 企业生态位理论简介

1. 生态位概念[158]

生态位是生态学中一个重要的概念，具体是指一个生物单位（包括个体、种群或物种）对资源利用和对环境适应性的总和，而生物单位对资源的利用，及其对环境的适应性统称为生态因子。生态位包括基础生态位和实际生态位，基础生态位是指生物群落中能够为某一物种所栖息或利用的最大空间，而实际生态位则是指某一生物单位实际占有的生态位。

当两个生物体利用同一资源或共同占有其他环境变量时，就会出现生态位重叠现象。在这种情况下，就会有一部分生存空间为两个生物体所共占，这时两个生物体之间就出现了竞争。即使在此过程中它们可能并不直接相互伤害或干扰，但丰富的食物或其他必需品并不能消除竞争的发生，甚至在有关生物直接需要的食物或其他必需品的供应充裕时，竞争也可能发生。因此，习惯上认为竞争是指两个或更多生物体共同利用同一资源时发生的相互抑制的作用。由于生态位是表征生物利用资源和环境变量的概念，因此生态位理论与生物间的竞争理论必然交织在一起。生态位理论认为，每一个生物物种在长期的生存竞争中都拥有最适合自身生存的时空位置（生态位）。生态位的重叠是一种普遍现象，当资源缺乏时，生态重叠部位存在着激烈的种间竞争，最终导致其中一个或多个物种被逐出；当资源充足时，竞争不一定会发生，相反，为了保持生态系统的平衡，物种间还会合作共存。

生态位的维度是指对一个生物单位发生作用的生态因子的个数。假如仅考虑某种生物单位对某一生态因子（如温度）的适合度，那么此时该生物单位的生态位是一维的。如果考虑某种生物单位对多种生态因子的适合度，那么此时该生物单位的生态位就是多维的。实际中，生态学上的生态位往往是多维的，因为影响生物单元的生态因子是多种多样的。

2. 企业生态位理论[159-160]

现代企业生态位理论认为，企业本身具有一定的固有属性，这种属性是企业的一种客观性质，由客观环境系统整合而成。这些性质主要表现为企业内部生态结构、资源特征、产品性质、生产能力、客户对象等。企业的固有属性是客观的、相对稳定的，是企业的本质。同时，企业所处的环境也具有明显的资源空间要素特征，如供需关系、人力资源、生产资源、技术状态、制度等。企业存在于环境之中，两者就不可避免地存在互动关系，由此也就产生了一种关系状态，这种关系状态被称作企业的生态位。企业生态位是一个多维的概念，由时间、位置、可用资源和环境因素四个变量决定。即

$$企业生态位 = f(时间,位置,可用资源,环境因素)$$

以上四个变量决定了企业在整个生态系统中的生态位，然而企业生态位的重叠与分离以及由此产生的竞争，只发生在处于相同或相近的时间和空间（即位置）的企业之间。

6.2 基于生态位分离的企业技术引进消化吸收再创新模式选择

6.2.1 我国技术引进消化吸收再创新的模式分类

大家知道，对引进的某项正处在技术生命周期后期的技术，如果企业不积极加强自身技术能力的培养，就有可能当新的技术产生之后，仍然停留在原有的技术水平上。随着新、旧技术之间的差距越来越大，对发展中国家来说，建立在如劳动力等要素上的优势已经无法弥补这种差距带来的劣势，为了弥补差距，只能再次进行技术引进。这也就是所谓的"技术追赶陷阱"[115,161]。二次创新追赶战略及其陷阱如图6-1所示。

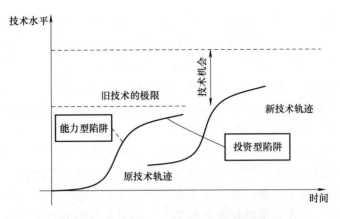

图 6-1　二次创新追赶战略及其陷阱示意图

当然，如果我国企业通过不断的学习，好好进行消化吸收工作，积累了强大的技术能力，那么就完全可以在第二代技术出现的时候，进行一些技术改进或参与到新的主导技术的竞争中去。借鉴对外经济贸易大学王博对中国制造业企业技术发展路径研究，在提高制造业企业技术能力的五种途径中，提炼出适用于已完成引进技术消化吸收的三种再创新模式，具体如下：

1. 非核心技术改进模式

技术改进模式是指在主导设计基本保持不变的前提下，通过对产品设计和生产过程的改造和提高，进一步改善和提高产品性能、降低产品成本，从而获取差异化或者总成本领先方面的优势。由于受到技术输出方的知识产权保护，以及技术输入方自身技术能力较弱等原因的制约，技术引进企业往往很难掌握核心技术。在没有掌握核心技术的情况下，企业要在国际市场竞争中赢得主动地位，针对产品的性能、结构、外观、制造工业等方面进行非核心技术的改进，是一条非常有效的途径。同时，技术改进也为产业后进入者后来居上、抢占产业主导地位提供了机会与可能。

从经济学的角度来看，技术改进的结果就是企业效率边界向外推移，产生具有更高性能价格比的产品。从本质上来看，技术改进是对现有技术范式的渐进式、边际性调整，实际为一种边缘创新的策略，它延伸和强化了既有的技术路径。

2. 核心技术攻关模式

非核心技术改进模式通常只能使企业获得中短期的、相对的竞争优势，企业要在既定技术上获得长期的领先地位，必须掌握核心技术。企业核心技术的攻关，最直接的支撑条件在于企业内部创新系统的建立、健全与完善，研究开发是企业核心技术攻克的实现基础。

一个企业要进行有效的创新，就必须有合理的研究、实验、发展布局和资源投入，以及企业内部与企业外部（研究所、高校）研究与发展力量的协同。企业可以通过对外合作或者自主研发的方式来实施核心技术攻关战略。通过建立面向技术学习的战略联盟，企业可以取得如下的竞争优势：以更快的速度获取新技术，充分扩大联盟伙伴各自的比较优势，增加企业的开放性和刺激内部创新，共同承担超过单个企业资源可以承受的研发风险等。所以，研究发展体系是提高企业技术创新能力的又一保证。

人员能力是企业核心技术攻关的关键，没有高素质的研究开发人员，企业技术创新很难进行下去。资金筹集与运行能力是企业核心技术改进的重要保证条件。企业研究开发经费的投入受企业的经营战略、融资能力和企业经济效益等因素的影响，企业要提高技术创新能力，必须从战略的角度重视对研究开发经费的投入，广开筹资渠道，并且在经费的分配方面要合理，要能够保证在基础研究、应用研究和发展研究三个方面的分配比例合理。

但是，由于我国企业的研发能力与国外有较大差距，很难进入该联盟，因而核心技术攻关模式目前在我国很难实现，要想在技术上有重大意义的突破，另一种技术超越模式值得我们尝试。

3. 技术超越模式

技术超越模式是在具备一定的知识积累条件下，完成技术消化吸收所采用的有效竞争战略。在这种竞争战略中，企业就有可能在新技术完全成熟前的混沌时期脱颖而出，参与到新的主导设计或者技术标准的竞争当中，对技术或产品进行一些超乎寻常的创新升级，获得的新技术能带来很大利润份额，而避开对原核心技术的继续攻关。因为在原核心技术上，技术输出企业一直有先天优势：技术输入企业的基础比技术输出企业薄弱；在新一轮技术创新中，技术输出企业在时间上比技术输入企业也超前。从经济学的角度来看，技术超越模式可这样理解：技术创新只要能带来高回报，那么所从事创新的价值也就得到了实现，从而也就达到了企业追求的目的。当然技术超越战略的实施，也是以强大的研发能力为基础的，因此企业应重视与大学、科研院所等研发机构的合作。

需要指出的是，由于我国许多产业尚处在起步阶段，技术能力与国际先进水平还有一定差距，因此我国企业在进行研发活动的同时，需要密切注意国外研究机构和跨国公司的研究动向，抓住时机引进国外还处于试验阶段的技术，或者与之结为战略联盟。这些对于技术超越战略的有效实施具有非常重要的意义。

6.2.2 基于企业生态位分离的错位技术创新超越模式战略

在消化吸收基础上的技术超越是一种较理想的创新模式，但目前还没有相关理论指导和切实可行的方法将其付诸实施。本节应用生态位分离理论，就错位技术创新超越模式战略进行如下研究[162-166]：

1. 现实企业生态环境下竞争对手分析

分析竞争对手的目的是了解每个竞争对手可能采取战略行动的实质和成功的希望，具体分析的内容有：各竞争对手对其他公司在一定范围内的战略行动的可能倾向做出的如何反应；各竞争对手对可能发生的产业变迁，以及对更广泛的环境变化可能做出的反应等。对竞争对手的分析有四种诊断要素——企业前景、战略态势、预测和优劣势，如图 6-2 所示。通过对竞争对手的分析，做到知己知彼，就能为后面错位技术再创新战略的制定提供较正确的方向。

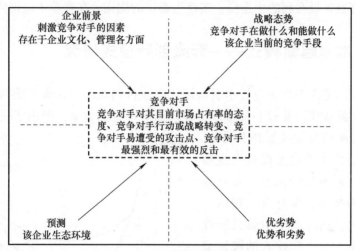

图 6-2　对竞争对手的分析图

2. 错位技术再创新战略

错位技术再创新战略是指企业根据行业特点和自身特征，选择区别于竞争对手的生态因子组合，从而实现生产和经营的异质性或不对称性。错位技术再创新战略来自于生物界的生态位分离。只有竞争企业间生态位相互分离，它们才能实现稳定的共存。可采取的方式有：

（1）产品发展　产品发展是指对企业现有市场投放新产品，或利用新技术增加产品的种类，以扩大市场占有率和增加销售额的企业发展方法。从某种意义上看，这一方法是企业发展战略的核心，因为对企业来说，市场毕竟是不可控制的因素，而产品开发是企业可以通过努力做到的可控制因素。

（2）市场转移　市场转移是指企业将现有产品投入到别的企业尚未进入的，或刚刚开始形成的全新市场的一种经营方式，这种方式尤其适用于发展中国家的市场。这种方法最主要的优点是早期投资少，企业对现有产品无须做大的改进，就可以进入正在形成的新兴市场。

（3）多角化经营　多角化经营是指企业同时生产和提供两种以上经济用途基本不同的产品或劳务上的一种经营方式。

（4）全方位创新　全方位创新是指市场创新和产品发明组合的一种经营方式，当市场变化非常快时，企业可以运用这一方式。

因此，企业在技术再创新过程中，应该像生态位分离原理所揭示的那样，彼此错落有致，形成错位经营，根据自己的实际情况，实行正确得当的竞争战略，采取有力措施，扬长避短，迎接挑战，这样才能变不利为有利，在参与经济全球化中求得利益最大化，寻求共同发展。从企业生态上来说，企业就可能占据最适宜也是最有利的生态位，实现生态位的优化，在竞争中取得优势地位。

6.3　技术超越新模式——奔流创新模式研究

目前我国绝大多数企业技术引进消化吸收再创新的模式属于前两种，技术超越模式实施较少。非核心技术改进模式虽有一定的数量，但由于模式自身的限制，其带来的经济效益并不明显；而由于核心技术的攻关模式实施难度大，其结果不尽如人意。若没有自己的核心技术，没有自主知识产权，在国内、国际竞争中就只能处于寄人篱下、为人作嫁衣的尴尬境地，在产品利润分配上只能处于"微笑曲线"的底段，如图6-3所示。图中的两条曲线分别是20世纪60~70年代与当今的产品利润分配曲线。

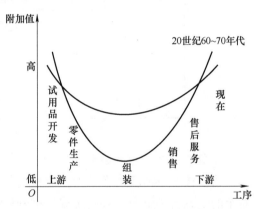

图6-3　产品利润分配"微笑曲线"示意图

要想取得显著的经济效果，我国技术的发展就必须另辟蹊径，技术超越模式看似高不可攀，但如果我们改变思路，结合企业生态位分离理论，在对引进技术的知识营养充分吸收后，实现技术超越战略是完全可行的。下面就来介绍从基于企业生态位分离理论的技术超越模式中衍生出的奔流创新（Faddy Innovation, FI）模式[167]。

6.3.1　奔流创新的定义

奔流创新是指在对产品的性能有一定了解的基础上，避开对高技术含量的已有核心技术的研究与再创新，在生态位分离理论的指导下，在安全、节能、环保、高效等方面对产品进行创新升级，不与其他企业，特别是原技术输出企业在研究攻关的方向上相冲突。奔流创新能利用自身独特的优势，创造出具有相当甚至超越原产品核心技术的能力。所谓"奔"就是朝向、追求的意思；而"流"包含主流和新潮两层含义，也就是说，一方面要使自己创新的技术逐渐成为产品的主流技术，另一方面创新点的选择侧重于较新潮的观念，如节能、安全、绿色环保等。

6.3.2　奔流创新的优势特点

1. 创新的投入风险较小

时间压力对于从事技术创新的企业而言是巨大和痛苦的。爱丁顿曾说："在任何要把属于我们自然界的精神方面和物质方面的经验领域联结起来的企图当中，时间都占据着关键的地位"。创新竞争在某种意义上就是时间的竞争，因为奔流创新紧跟时代的主流，突出一个"流"字，所以短期内产品的创新不会过时或被模仿，生命周期相对较长，创新的投入风险较小。

2. 奔流创新的技术有可能成长为新的核心技术

所谓核心技术，简单地说，就是企业在经营过程中形成的、在一定时间内不易被竞争对手模仿的、能带来超额利润的独特技术。因而核心技术是有时限性的，变迁可能性的存在，使得奔流创新对原有核心技术具有很大的替代性。

3. 奔流创新能有效利用企业现有资源

人员和资金相对短缺是很多企业的普遍现象，若不量力而行，硬是想要掌握产品的核心技术，其结果往往事与愿违，浪费人力、财力；而另一种使手头资源闲置的惰性行为，必然会使企业丧失发展的机会。而奔流创新对资源利用较为合理，能做到把好钢用在刀刃上，其在创新前能注重投资风险决策，在创新中能够人尽其才，物尽其用。

1）奔流创新可以给所有企业提供平等创新的机会。对他人核心技术的研究再创新，是一种追赶的方式，因经验和能力不足，失败的可能性很大，从而大大挫伤创新者们的士气。而奔流创新能让大家站在同一条起跑线上进行创新活动，大家成功的概率相同，因此可以鼓舞创新者的斗志。

2）奔流创新迎合现代人们生活的需要，有着广阔的市场前景。现代的制造商制造产品除追求其本身的功能外，一般还追求其美观、快速、低成本、小体积、大容量等方面，而在安全、节能、环保、高效、智能等方面，有些企业可能重视不够，这就为发展中国家的技术创新提供了狭缝和市场。随着现代人生活水平的提高，生命和健康更为人们所关注。如果车速太快可能出事故，使用微波炉可能受到辐射，那还不如步行和使用柴火。假如能创造出一种安装在快车（发动机为核心技术）上的装置，当车距离障碍物越近或车速越快时，该装置就能产生越大的磁排斥力，使车远离障碍物或降低车速，从而使人的安全得到保障，那么这类车一定非常受欢迎，这就是奔流创新模式。目前这种装置在高档车中已有一些尝试，这种创新模式有着一定的启发意义。

6.3.3 奔流创新实现的路径

核心竞争力是由美国经济学家普拉哈拉德和哈默于 1990 年在《哈佛商业评论》中提出的，简单地说，核心竞争力就是企业具有的一种独特的能力。现代企业制度体现的是企业资源配置的高效性，而这种高效率能否充分发挥，主要依靠核心技术和技术创新。一个企业要形成和提高自己的核心竞争力，就必须有自己的核心技术或主流技术，技术创新是形成核心竞争力的关键。而奔流创新能创造出具有自己独特优势的技术，能很好地实现顾客所看重的价值，实现产品核心技术对等，甚至迁移的能力。奔流创新获得核心技术的途径如图 6-4 所示。

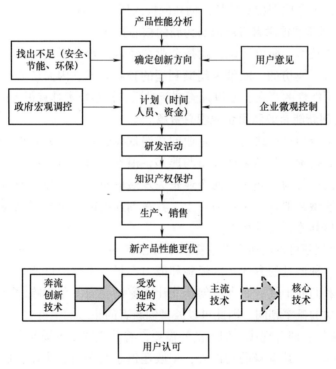

图 6-4　奔流创新获得核心技术的途径示意图

6.3.4 关于奔流创新的几点说明

1. 奔流创新与边缘创新的区别[168]
改革开放以来，我国很多企业实施的是一种"边缘创新"策略，即不涉及核心技术，只是在模仿的基础上进行改良、改造式的创新，这种创新不能形成核心竞争力。接前面的例子，假如你发明一种在车上安装的简易防日晒雨淋的装置，这就属于边缘创新，因为这对于车主来说有益，但并非十分重要。采取边缘创新策略，可以在市场发育初期以较低的成本迅速扩张，但它可能永远只是配角，随着市场的发育和竞争的加剧，企业的利润会越来越低，最终走入发展的瓶颈。而奔流创新虽然也不涉及产品原有的核心技术，但它不是简单的改良、改造式的创新，而是对产品进行重大改进，目标指向能创造高附加值的技术，故这种创新能够形成较强的竞争优势。

2. 奔流创新并不否认占有原核心技术

产品以前的核心技术之所以有着其霸主地位，自然有它的独特之处，对其核心技术的拥有也一直是我们所向往的，故有条件的企业应该对其进行不断探索和研究。另外为了能获取原有核心技术，走奔流创新道路的企业还可以采用"以技术换技术"的模式，即以我们奔流创新技术去换取原有核心技术，形成共生共赢。

3. 奔流创新技术成长模型

市场上任何一件新产品都不可能做到完美无缺，都存在一定的创新空间，因此创新者会在其某一个较弱的方面进行创新，这就有了边缘创新和奔流创新的机会。在这种创新过程中，企业一般情况都会申请专利保护，但由于他们对创新点的选择不同，所以边缘创新技术只能处于产品的技术外围，而奔流创新技术形成了对原核心技术的一种包围，经过一段时间的客户评价和认可，奔流创新技术可能逐步取代原核心技术，成为产品新的核心技术，也可能成为产品的主流技术，对原核心技术形成一种挤压。奔流创新技术成长模型如图6-5所示。

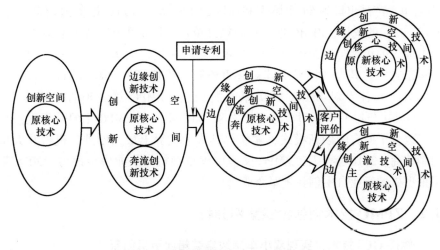

图6-5 奔流创新技术成长模型示意图

从整个过程来看，经济效果体现在：产品总价值逐渐增大，而原核心技术的利润份额相对减少。奔流创新前后产品利润份额的变化如图 6-6 所示。

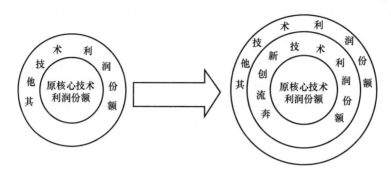

图 6-6　奔流创新前后产品利润份额变化示意图

6.4　奔流创新原型——上海振华重工（集团）股份有限公司（ZPMC）的技术创新案例分析

下面将结合 ZPMC 的技术创新案例对奔流创新模型进行研究[169]。

6.4.1　ZPMC 简介

ZPMC 位于上海市浦东新区，1992 年，它只是一家名不见经传、仅有 13 名员工的小厂，而现在 ZPMC 已占据全球 70% 以上的集装箱机械市场份额，成为我国具有全球竞争力的民族明星企业的代表，进入具备全球竞争力的中国企业 16 强名单，产品出口到 54 个国家和地区的 120 多个港口，据英国杂志《World Cargo News》的统计，ZPMC 近 7 年的年订单数，居世界集装箱机械业第一，使我国由原先的集装箱机械进口国变为集装箱机械出口大国。北美地区的《太平洋海运杂志》称其为"世界集装箱起重机第一供应商"。成功的背后自有其原因，面对社会各界对 ZMPC 成功原因的探究，ZMPC 总经理管彤贤调侃说，ZMPC 的成功归功于"天时、地利、人和"，而实际上 ZMPC 主要是靠狠抓技术创新，改变了原有的创新模式，才使得其成为世界上最大的港口机械及大型钢结构制造商。2018 年 4 月，ZMPC 又被中国重型机械工业协会评为"2018 年度中国重型机械行业自主创新领军企业"。

6.4.2　ZPMC 技术创新模式案例分析

1. 嫁接 GPS 技术，实现双小车岸边集装箱起重机创新

传统的轮式集装箱龙门起重机在移动、起吊时，司机在高度超过 20m 的驾

驶室中，全靠目测进行操作，效率低，还容易出偏差，甚至酿成事故。为了确保起吊的准确、安全，对起重机安全方面的功能升级是一个创新的方向，ZPMC一直在寻找机会进行突破。终于美国 GPS 卫星导航和定位系统进入了振华人的视野。GPS 是通过空中均匀分布的 24 颗导航卫星，保证定位信息在全球任何地方任何时间的接收。振华人敏锐地意识到，如果将这项"天上的技术"与地上的集装箱机械嫁接，将会引发一场革命。ZPMC 找到两位 GPS 的专业人员，并组织公司五名员工攻关，通过几个月的努力，开发出拥有自主知识产权、能够让场桥电动机和 GPS 协调运行的控制软件。有了这项技术，起重机就能够根据场地和箱位情况，自行纠偏、行走，在仅有 1m 的空隙中灵活穿梭，将重达几十吨的集装箱准确无误地放到规定位置上，误差只有 15mm。

ZPMC 的这项独特技术，不仅获得了中国专利，在世界其他国家也取得了专利。也正是这项技术，帮助 ZPMC 在世界的很多地方抢占了市场先机。早些年，德国汉堡港 CTA 码头在世界范围进行"岸边集装箱起重机"的招标，崇尚高自动化的德国人要求：从货船卸集装箱，再从作业平台上将集装箱卸到场地上，要实现无人操作或单人操作。ZPMC 带着自行设计的"双小车岸边集装箱起重机"方案，前往投标，力挫群雄一举中标。

2. 设计创新思维，实现双 40ft 集装箱起重机创新

随着全球化进程的加快，远洋集装箱运输船的容量日益增加。这就促使世界各大港口码头配备更加大型而高效的集装箱起重机。与此同时，船舶日趋大型化也使得 40ft 集装箱使用量已不断增长，超过全球装箱总量的 60%。原有的吊装起重机的效率已远远赶不上市场发展的需要，如何制造出诸如单次起吊双 40ft 箱的集装箱起重机，来提高装卸效率而缩短船舶留港时间，已成为港口码头业主与港口设备制造商共同关注的焦点问题。

振华人针对这个问题，成功设计和制造了双 40ft 箱的集装箱起重机，相比常规起吊单箱或双箱 20ft 起重机，效率大大提高。这一产品的独到之处在于：一方面，它全部采用已经成熟的核心架构以及元部件，在常规的起重机上增加一组起升系统，并适当加大总功率，通过技术措施使其组合为一整体，这使起重机成本大约增加 25%，而生产率却至少可提高 50%，其性能价格比远优于常规起重机，因而产品适应性很强；另一方面，设计师摒弃了以往简单加大起重量和改进吊具的陈旧概念，大胆提出了如下创新思想：侧重于改进起重机的起升机构和吊具上架，运用两套起升机构、特别设计的差动减速箱，以及两只可随时分离且能独立作业的吊具，实现了"轻轻地一抓就起来"的效果。

以上只是 ZPMC 技术创新的两个案例，纵观 ZPMC 的发展史，我们可以说，ZPMC 以无数这样的创新向外界证明了，其产品目前拥有世界 70% 的市场占有率，靠的不仅是较低的劳动力成本，更主要的是发挥了技术进步与创新能力的作用。

3. ZPMC 技术创新经验简析

振华人知道，自己面对的是日本三菱、德国诺尔、韩国三星等这样的世界一流"高手"的竞争，需要对先进技术进行锲而不舍的追求。促成 ZPMC 在技术创新上取得骄人成绩的因素很多，但主要因素体现在以下几方面：

（1）建立有效的技术创新激励机制　为了鼓励科技创新，董事会决定每年投入产值的 2% 作为科技开发基金。ZPMC 的所有员工中有三分之一是专业科技设计人员。为了鼓励他们的创造积极性，ZPMC 每年还拿出高额奖金来奖励有突出成果的工程技术人员。

（2）重视产、学、研技术创新联盟　国内高校、科研院所成为振华人眼中宝贵的"智库"。上海交通大学、同济大学等都已经成为 ZPMC 的科技创新"同盟军"。这些同盟军为 ZPMC 的发展提供了很好的智力支持。例如，ZPMC 发现了国外对手采用了一种高分子减摩材料，于是就请来上海市材料所等科研单位援助，化验分析出其中的成分，然后再迅速委托国内专业厂家生产出同等质量、物美价廉的减磨块，大量安装在公司的产品上。多年来公司与这些"同盟军"合作，一起攻克了降低噪音设计、大型钢结构疲劳设计等一批集装箱起重机的世界级难题，保持了集装箱机械技术的世界领先地位。

（3）选择独特的技术创新模式　不论是世界首创的用于常规码头的双小车岸边集装箱起重机，还是世界首创的可起吊双 40ft 集装箱的岸边集装箱起重机，都表明 ZPMC 非常注重技术创新方向和技术创新模式。

通过对 ZPMC 的调查研究，发现其技术创新模式的独特之处是专攻产品的薄弱环节，实施生态位分离战略，形成自己的专利技术系列。具体做法是：第一，对已有产品分析研究，收集生产过程中发现的和客户反映的一些问题；第二，结合安全、节能、高效等方面找出该产品存在的不足；第三，针对这些不足开展攻关，力求取得创新成果并申请专利；第四，慢慢培植自己的新技术，使之成为产品的一种主流技术，使其在产品利润分配上渐渐占据高份额，进而挑战核心技术，这就是奔流创新的核心所在。

ZPMC 创新之路与众不同之处就是：公司不花时间、人力、资金去研究那些公认的原核心技术。这主要基于两方面考虑：一是考虑手头资源不足（资金与人才）。既然是核心技术，以企业目前的条件要想在短期内掌握可能性不大，存在风险。不如把好钢用在刀刃上，集中优势兵力投入在原产品的某一个弱项上，或许能取得意想不到的成果；二是考虑到外界的核心技术仿造者一定很多，一旦原核心技术被攻克，其占据产品利润额一定会很快下降，因此要预先想到这种情况的发生。ZMPC 这种思路不同于许多其他企业：一些企业总认为核心技术太重要、太值钱了，要干就干大的，主攻核心技术，要么什么都不干。结果往往无功而返或是无所事事，等着下一轮技术的再引进，脱离不了技术引进消化吸收再创新前两种模式的桎梏，而 ZPMC 的创新模式属于基于生态位分离理论的技术超越模式，用一句时髦的话来说，就是"避开红海的拼杀，寻找自己的蓝海"，它们的技术创新战略符合本章提出的奔流创新的模式。ZPMC 的技术创新的成功，有效证明了奔流创新技术上的可行性和经济上的可观性。

本 章 小 结

本章介绍了技术再创新的三种模式，在此基础上，重点论述了基于生态位理论的技术创新新模式——奔流创新，并对该模式进行理论分析和探讨。同时，以上海振华重工（集团）股份有限公司为例，对该技术创新模式的应用进行了阐述。

第 7 章

技术引进企业知识生态系统良性循环机制

如前文所述，技术发展的不平衡会导致一切有用的技术广泛传播，因此技术引进是现代生活中永远存在的一项技术转移活动，而技术引进的良性发展是实现技术赶超的基本前提。本章将在详细论述技术引进发展过程的基础上，应用企业知识生态系统可持续发展理论，从政府和企业各自应当担负的职责范围的角度，提出实现技术引进的良性循环机制。

7.1 技术引进良性循环过程分析

7.1.1 提升引进技术的四种可能路径

从技术水平可能被提升的过程来看，技术引进一般是在技术纯引进、消化吸收和创新扩散这三个过程中进行交叉或直线运动。

技术纯引进过程是整个过程的开始，它决定着引进技术的实用性和先进性。如果在引进时缺乏系统与长远观点，引进了没有继续进行创新价值和广阔市场需求的技术，或以技术输入国目前的条件，还远不能进行技术引进消化吸收再创新，那么技术的良性发展就很难进行。

技术消化吸收过程是实现技术引进再创新的关键环节。这一阶段的成功与否直接关系到技术良性发展能否进行下去，如果技术引进后仅限于消化和吸收，那么真正的良性发展也很难持续下去。在消化吸收的基础上进行技术创新，将会使技术引进出现质的变化，这个过程的继续和深化就是技术引进实现良性发展的关键。

技术创新过程是技术引进良性循环得以实现的核心阶段。企业如果没有技术创新，就终将会在残酷的市场竞争中失败，技术引进就将步入恶性循环，企业生存也就面临危机。正是由于有这种压力，才推动着技术输入企业重视并采用技术再创新。从这个角度看，技术创新不仅为创新扩散提供了条件，同时又推动了创新扩散的进行，是创新扩散的推动源。

因此，引进技术对企业的成长来说，是一个广义的螺旋式（包括直线式）

上升的过程。在技术被引进后，技术成长过程的四种可能方式如图 7-1 所示。

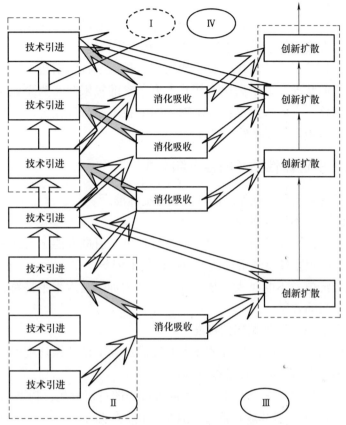

图 7-1　引进技术成长过程示意图

方式Ⅰ：技术引进—技术引进—技术引进，也就是通常所讲的持续多次引进。这个过程中没有消化吸收，更谈不上创新扩散。它的特点是：技术被动提高、进展缓慢。相对于其他方式，此方式给企业带来的经济效果一般很差。

方式Ⅱ：技术引进—消化吸收—技术引进，这是一种紧螺距引进方式，该过程中有消化吸收，但没有创新扩散。该方式有可能跨越一代或两代技术进行引进，属于等距离追赶模式，虽然每一次引进的起点都有一定的提高，但整个循环中没有创新，因而其技术水平与国际先进水平总存在一定差距。在经济循环上表现为：企业根本无法获取由技术上的后发优势所带来的经济收益，只能从引进技术企业开拓出来的、已经趋于饱和的剩余市场中分一杯羹，少交几次引进费用。它的特点是：技术输入国的技术基础能得以夯实，技术提高进展较缓慢，经济效果一般较差。

方式Ⅲ：技术引进—消化吸收—创新扩散—技术引进，这是引进技术的标准螺旋式上升过程，也就是通常所讲的技术引进的良性发展。该过程中既有消化吸收，又有创新扩散。技术引进良性发展的运动过程是个动态过程，技术水平在动态中螺旋上升，经济投入与产出不断增强。它的特点是：技术输入国的技术基础得以夯实，技术提高速度较快，经济效果较好。

方式Ⅳ：技术引进—消化吸收—持续创新扩散—技术引进，这是引进技术成长最为理想的状况，近乎高速直线式上升，它的极限状态为企业走上了自主原始创新的道路。它的特点是：技术输入国的技术基础完全夯实，技术水平在国际同行业保持领先，经济效果最佳。

7.1.2　技术引进良性循环的标准和分类

下面介绍技术引进良性循环的定义和分类标准[170-175]。

1. 技术引进良性循环的定义

技术引进良性循环是指在技术引进的过程中，引进方能主动地将引进的技术消化吸收，并根据环境和市场适当地进行技术创新，在企业内实现技术扩散，并以此达到经济效益不断扩大、技术投入不断增加、技术水平持续提高、技术竞争力持续增强的效果。

2. 技术引进进入良性循环的标准

在什么状况下，可以认为引进技术的发展进入了良性循环呢？笔者归纳出以下五点作为技术引进进入良性循环的标准。

（1）技术引进的频率　从引进技术成长过程图可以看出，频繁的技术引进，如方式Ⅰ和方式Ⅱ，导致技术永远落后于别人，企业不能培育出内含扩大再生产能力的技术，为了生存和发展，企业将被迫再以高成本引进技术；在经济发展上表现为企业无法创造出持续良好的经济效益，在产品的利润分配上一直处于底端。一般情况下，企业技术引进的频率低是技术引进进入良性循环过程的一个重要标志。

（2）对外技术依存度　对外技术依存度是目前国际上通用的、用来反映一个国家或地区经济技术对外依赖程度的指标，一般用下式表示：

技术依存度(%) = 技术引进经费 ÷ (研发经费 + 技术引进经费) × 100%

如果一个国家或地区的对外技术依存度长期保持在较高水平而没有下降的趋势，则会对其经济技术的发展产生负面作用。因为重要生产领域的关键、核心技术是无法买来的，在关键、核心技术上对国外的过分依赖，所以容易陷入引进—落后—再引进的非良性循环之中，不利于自主创新能力的提高和技术的可持续发展。对于发展中国家和地区来说，在某一阶段其对外技术依存度较高属于"正常"现象，但是经过一定时期的发展，若技术依存度仍居高不下，则应引起应有的警惕，因为这意味着其经济技术的发展有陷入对国外发达国家高度依赖的可能，不利于国家或地区的长远发展。

（3）专利数量增长率　瑞士洛桑国际管理发展研究院（IMD）在《世界竞争力年鉴》指标论述中，将企业技术竞争力的主要指标设置为四个，其中之一为发明专利。一个企业如从培植引进技术（重技术的消化吸收与创新）的过程中获得了很多专利，那么企业的技术竞争力必然得到增强，引进技术的成长过程必然是良性循环的，买方要想进行角色互换成为卖方，技术没有竞争力是不可能实现的，技术的扩散就是技术竞争力的具体表现形式。

（4）技术引进投入的变化　应该说，简单地复制技术不会导致良性循环，技术引进后续过程的每个阶段都需要投入，并且随着每个阶段的深入发展，投入也需要不断增加。对技术引进后续过程的每个阶段投入是绝对必要的，这是技术引进良性循环的必要条件。没有投入，就没有技术的消化吸收与创新，新技术开发不出来，永远在别人后面模仿，良性循环就无法继续。

（5）技术水平和经济效益的变化　技术水平的提高使获得高额利润成为可能，而高额利润的实现直接刺激了进一步提高技术水平的行动。这是良性循环过程得以进行下去的动因；经济效益的不断扩大，是技术引进进入良性循环的充分条件，如果不能产生不断扩大的经济效益，技术引进就将失去意义。技术引进方也将为此背上沉重的包袱，技术引进的后续过程——消化吸收、创新扩散也因此失去前进的方向。

3. 引进技术循环过程分类

根据技术引进进入良性循环的标准，企业技术引进过程的结果大体上可以划分为以下四类：恶性循环过程、非良性循环过程、良性循环过程和超越循环过程。它们分别和技术被提升的四种不同路径方式Ⅰ、Ⅱ、Ⅲ、Ⅳ相对应。而企业在技术引进中存在的恶性循环和非良性循环正是本书研究的起因，而实现引进技术步入良性循环是本书研究的目的和归宿。

伴随技术循环过程的另一个无形、但实际存在的循环过程是经济循环过程。技术循环和经济循环两者相互影响、相辅相成。在循环过程中，每一个循环都产生双向的影响，既影响本循环圈，也影响另一个循环圈。如果技术的良性循环被中断，对经济循环来说，就意味着缺乏技术支持，显然经济循环也不能持续；同样，经济循环顺利进行，循环过程中产生经济效益将成为技术循环的动力，技术创新就可能实现。

7.2　技术引进良性循环机制的研究

对技术引进良性循环机制的研究将从以下几个方面展开[174-176]。

7.2.1　技术引进良性循环的意义

从国家这个宏观的角度看，技术引进良性循环，第一个方面，可以给单个企业带来一定的利益，包括技术提高和经济效益增加。若一个企业的技术水平得以提高，那么它在国际分工中的地位也就得到提高，也就是产品的国际竞争力得以增强；技术引进良性循环所带来的经济效果，不仅可以改变人的生活方式，也可以改变人的认识和价值观念。第二个方面，技术引进良性循环能形成新的产业，推动经济结构提升和本国经济水平的普遍提高，促进经济外向化，最终使国家获得宏观经济利益，使经济和技术走上可持续发展的道路。第三个方面，技术引进良性循环间接地影响国际社会对该国的看法，具有一定的社会效应。这些是技术良性循环的真正意义与实际价值所在，而其中高附加值的产出对于企业技术引进来说是最强的激励因素。

7.2.2　企业知识生态系统可持续发展理论简述

在自然界里[177-181]，自然系统的复杂性和非线性使我们更关心系统的总体趋势。生态系统通过能量的传递和转化，使物质形式和结构层次发生转变。其中，协调能力在维持这些变化和稳定中至关重要。在人的概念系统中，协调是通过体现系统价值的语言等信息交流来实现的。而对于一个企业来说，也必须建立能有效调节系统变化、发展和平衡的协调机制。知识生态学就是要建立这种协调机制，使系统中的各个子系统之间、子系统与环境之间的知识得以交流和反馈，从而使系统绩效总目标的知识状态保持最优化，实现可持续发展。

因此，一个持续发展的企业有赖于资源持续供给的能力；有赖于其生产、生活的生态功能的相互协调；有赖于自然生态系统的自然调节能力和社会经济系统的自组织、自调节能力；有赖于社会的宏观调控能力、部门之间的协调行为。任何一个方面功能的削弱或增强都会影响其他成分，并最终影响到持续发展的进程。人与资源、环境矛盾的产生与实质，就是由于自然生态系统中各个成分之间关系的失调。所以进行可持续发展战略构想、框架设计、理论研究、实施运行，都必须遵循生态系统原理，从系统观点出发，把自然、经济、社会结合起来进行综合分析。

根据我国的国情，走可持续发展的道路是必然的选择。我国通过贸易渠道引进国外的技术，应充分进行产品的技术引进消化吸收再创新方面的工作。只有这样，新技术、新产品才能更持久地占领市场，融入可持续发展的理念之中，建立技术引进的良性循环机制。

7.2.3 基于可持续发展理论的技术引进良性循环的机制

"持续发展"的最终目标是调节好企业生命系统及其支持环境之间的相互关系，使有限的环境在现在和未来都能支撑起企业生命系统的良好运行。生态系统协调、有序、平衡与适应的生态学原理同样适用于技术引进消化吸收再创新。技术引进良性循环的关键是在于建立技术引进良性循环机制，在"技术引进—消化吸收—创新扩散"的良性循环过程中，每一个过程都非常重要，技术引进良性循环的运动过程是动态过程，技术水平在动态中螺旋上升，技术引进是开局，消化吸收是关键，技术创新是核心[182]。如果没有真正意义上的技术创新，就不能实现技术上的大飞跃，良性循环也是无法进行下去的。在技术循环螺旋上升中，下一周期的起点通常不再是以技术引进开始，而是以技术创新开始，这是技术引进良性循环的动态特征。

国内外许多学者对技术引进良性循环的机制进行过很多有益的探讨。笔者结合技术引进的三个主要的过程，在协调、有序、平衡与适应理论指导下，根据政府和企业本身各应担负的职责，提出完善技术引进的良性循环机制。

1. 技术纯引进保障机制

俗话说得好，"好的开端是成功的一半"，技术纯引进子系统是技术引进良性循环的开局。为了保证技术纯引进后期工作的顺利开展，步入良性循环，该过程中政府和企业应担负各自的职责：

（1）政府层面

1）政府须制定适当的技术引进战略。要引进国外先进的和适用的技术，我国的技术引进一定要结合我国的实际情况来进行。目前我国的技术底子较薄，教育相对落后，科研基础设施不完善，科技人员较少，自主性研究开发能力较弱。为此应采取逆向工程方式，即依靠引进国外技术建立与发展民族工业，通过引进技术来发展我国的基础工业，培养我国的技术人才。不要单纯地追求引进高新技术，而应该注重实用性，注重与我国国内技术的结合和配套，注重后期消化吸收的应用，通过政府制定适当的技术引进战略，达到提高我国的技术总体水平的目的。选择一种分产业、多层次的技术引进战略，能够针对各产业不同的技术经济特征和技术引进壁垒的不同状况，采取相应的战略对策，以技术引进来加快我国的技术进步，加速产业结构的优化过程，保证国民经济持续稳定发展。

2）政府须制定完善的技术引进方面的法律法规。首先，政府应制止企业搞重复盲目引进的短期行为。例如对那些周期短、利润高的行业技术重复引进，而一些基础设施、周期长、利润较低的行业技术鲜有人问津。这种现象一方面加剧了产业结构的不合理，另一方面造成对行业内自主开发和技术创新工作的抑制。其次，政府应监管引进技术的结构。目前我国企业存在一种现象，引进硬件技术远远大于软件技术，引进轻工业技术多于基础重工业技术，造成引进技术的结构不合理，正如一些专家所说"结构偏轻偏软"。再次，政府应监管技术引进考察队伍。我国一些企业对于引进技术的细节问题不清楚，就糊里糊涂地敲定引进某项技术，技术引进以后的使用效果不言而喻。因此，如果要想企业真正达到引进有价值技术的目的，政府必须监管技术引进的考察队伍。最后，政府对稚嫩产业需制定保护政策。稚嫩产业在国内是新鲜产业，受外界扰动的影响很大，它的发展需要良好的国内环境，政府对稚嫩产业需要制定相应的保护政策帮助其成长。

3）政府必须发挥对技术转让方的调控作用。从宏观方面分析，技术引进国政府是技术引进过程的宏观组织者与管理者。政府应从宏观经济发展和技术进步的角度去管理和控制这一过程，特别是它对技术转让方的调控作用。通过宏观政策对调控技术转让方进行调控，通过政府间的政治文化交流，推动技术交流，打破跨国技术垄断和封锁，达到用较低的代价引进适用技术的目的。

（2）企业层面

1）完善引进技术信息库建设。目前我国技术搜索、选择能力低下，无论是在宏观上，还是微观上，技术搜索和选择的能力还没有得到充分的培养和锻炼，至今仍是薄弱环节。因此，企业应建立本行业不同国家技术的信息资料库，掌握技术最新发展动态，为引进决策提供依据。

2）建立引进技术的决策团队。决策团队要对引进技术的有效性、适用性、必要性、可行性进行认真分析，防止引进一些生命周期短、难消化，而又不适用的技术。

3）建立技术引进专项资金筹集及管理机构。通过赢得政府的帮助和扶持，使资金的来源多元化；加强与技术中介间的联系，使技术引进资金支付方式多元化。目前很多企业在技术引进方面的资金挪用现象较普遍，企业应设立技术引进专项基金来加强管理。

4）建立技术引进与管理移植互动模式。管理移植是一个动态的过程，它将一个国家或一种文化环境中行之有效的企业管理思想、管理制度、管理方法与管理技术，转移到另一个国家，或另一种文化环境的企业中去，以求得相应的效果，获取相应的利益。它包含以下几个方面的含义：第一，管理移植是跨地域、跨文化的移植；第二，管理移植是以现有的管理主体为基础进行的，它并不是指引进企业全盘否定自己，简单地照抄照搬他人的一切成果；第三，管理移植成功的关键在于对外来管理知识的消化、吸收与创新；第四，管理移植最直接的目的是提高本企业的管理水平，实现管理创新，提升现有技术和引进技术的生产效率。

2. 技术消化吸收保障机制

技术引进之后意味着跨入了技术引进良性循环的门槛，良性效果的出现还得看消化吸收工作做得如何。技术消化吸收保障机制的建立，需要政府和企业做好以下几方面工作：

（1）政府层面

1）宏观管理机构设置明确，依法管理。各级政府必须实行对引进技术与消化吸收工作的统一领导和协调，提高政府的干预能力，且领导和协调工作不能过紧或过松（企业必须按照它们固定的模式），就是放得过宽的现象。对于技术引进的管理，应该加强机构设置的合理性，避免重复设置机构。若令出多门会使单位和企业无所适从；要明确管理机构的职责范围、权限；要制定可行的政策和法规，对企业的技术引进进行明确、有力的指导；要能够为企业解决实际问题，提供政策指导和帮助。

2）实施金融扶持政策，促进企业技术进步。运用金融信贷手段，发挥银行与信贷机构的经济杠杆作用，提供低息贷款是推动企业研究开发的强有力的手段，也是各国政府重要的金融政策之一。切实加大消化吸收资金投入的力度，对于承担重大消化吸收的企事业单位，政府要根据具体情况，采取贴息或低息贷款形式重点予以扶持，鼓励政策性银行发行由政府担保的专项用于消化吸收与创新的投资债券，建立消化创新基金。另外，有些消化吸收项目所需资金，可以由政府与受贷企业所属国家分担等，使企业乐于进行技术的消化吸收。

3）加强知识产权保护工作。知识产权是激励技术创新和知识传播的一种平衡机制，加强对知识产权的保护，将极大地促进该国的技术引进消化吸收。企业不会因为市场存在技术剽窃现象，就感到无所适从。另外，据世界银行的一项研究发现，一个国家的知识产权保护制度健全与否，一方面决定了发达国家如美国、日本和德国企业向该国企业转让技术的类型和数量，另一方面也影响该国吸引外国直接投资的构成，及其引进的实质性内容。例如，有的企业在考虑目前的国内知识产权保护状况后，就放弃进行技术消化吸收，那么他们决策去引进的实质内容，当然和考虑消化吸收的内容就不一样。

（2）企业层面

1）组建技术消化吸收的队伍。对于技术引进消化吸收再创新，表面上看似乎是技术专家起着决定作用，与技术工人无多大关系，其实不然。人各有长，技术工人长期在生产一线，对具体的工艺有很深的了解，在技术的消化吸收工作上，他们能为高级技术人员提供及时、准确的第一手资料。例如，我国几次卫星发射失败的主要原因并不是技术和设计问题，而是制造问题（发动机的焊接点承受不了太空的环境），后来该问题是由一位年轻的工人技师解决的。因此，应组建由高级科技人员、中级科技人员、高级技工人员、熟练操作工人等组成的引进技术消化吸收团队，来共同完成技术的消化吸收工作。

2）设立技术消化吸收专项资金筹集及管理机构。目前企业用于消化吸收的资金主要源于企业自筹、贷款和技改资金，有些则从生产发展基金、新产品试制费中列支。即使有些企业通过上述渠道获得资金并取得阶段性成果的项目，但因该项目所用的关键原材料往往仍需进口，以及外汇短缺、资金不连续等原因，常使消化吸收项目功亏一篑，不得不半途中止。因此，应设立技术消化吸收专项资金筹集机构，加强资金运作管理。

3）完善激励和监督机制。因为对企业来说，技术消化吸收是一项较艰巨的工作。对有突出成绩者应给予一定的物质奖励和精神奖励。应鼓励技术消化吸收团队专心做好技术消化吸收工作，使每个员工的潜能得以最大程度的发挥，意志和品格得到完善，使人获得超越于生存需要的全面发展；另外，对从事技术消化吸收工作的人员，要随机进行消化吸收效果的定量评价，实施监督，做到奖罚分明。

4）建立以企业为主体的产、学、研互动机制。随着科学技术的发展和高技术的兴起，许多重大开发研究项目，无论从资金、技术力量，还是从项目复杂程度上看，都非一家企业所能承担。各国对产、学、研合作高度重视，鼓励大学、研究机构与工业企业进行合作，建立和完善政府、大学、企业三者相结合的研究制度，形成企业引进技术消化吸收的联动体系。对重点领域、重点项目的技术引进工作进行联合行动，开展消化吸收工作。推动以企业为主、政府扶持、大学与科研院所参加的方式，广泛建立技术消化吸收战略联盟等。

3. 技术创新扩散保障机制

若只停留于对引进技术的消化吸收，则只能重复别人的技术，是低水平的技术增长，不会形成技术引进的良性循环。在经济上不能实现经济技术一体化，将导致技术引进方经济效益不断下降。也就是说，消化和吸收只是量的存储，而再创新才是质的飞跃。为了保障这一技术创新扩散的实现，必须有相关的技术创新扩散机制相配套。

（1）政府层面

1）建立国家创新体系。国家创新体系是国民经济可持续发展的根本保证。在知识经济和全球一体化的时代，国家创新体系发挥着越来越重要的作用，为了能够在与发达国家的竞争中不断壮大自己的科技竞争力，我们必须建立不断完善的国家创新体系。

2）加快我国的科技体制改革。我国产业技术的进步总体上应当靠企业、科研单位和政府来推动。其中，国有企业虽大多设有研发机构，但真正能够发挥作用进行研发活动的却并不多，而政府目前的做法主要是给科研单位拨经费，同时还通过指令性计划分配任务。从三者的关系来看，政府和科研单位之间的依存关系，主要是由于财政关系没有剪断，科研单位和企业之间的连接渠道不通畅，致使促进产业技术进步的机制无法有效运行。因此，我们必须改革目前的科技体制，重新调整政府和科研机构的关系，科研单位可以办成企业，走研究与生产真正结合的道路；另外要深化企业改革，使政、企真正分开，使企业成为经济实体和产业技术进步的主体。只有这样，我们才能将企业塑造成技术创新的主体，才能建立高效率的科技开发与进步体制。

3）制定技术创新配套政策。制定相关配套政策，营造激励创新的环境，进一步推动企业成为技术创新的主体。配套政策要求进一步发挥财政资金对激励企业自主创新的引导作用，政府在资金上应加大支持力度，激励高技术企业开展技术创新和对引进先进技术的消化吸收与再创新。与此同时，国家还应支持开展对高新技术企业的保险服务，支持保险公司对信用保险、业务中断保险等险种，为高新技术企业提供多种保险服务。

（2）企业层面

1）构建新的企业技术创新制度。一方面，目前在技术引进创新中"搭便车"等现象致使企业创新动力受阻，这就需要一个合理的机制来进行引导与运作。另一方面，在新的产业技术创新机制中，政府和科研机构的关系需要进行重大改革。除了一部分基础研究和重点技术开发研究单位由政府在财力上直接支持外，其余科研单位需要进入市场谋生存。

2）加快科技成果转化。为了提高我国企业的科技水平和产业竞争力，我们必须加快科技成果向生产力转化的速度。必须鼓励科研人员物化自己的技术成果，必须改变当前科技成果价格低于价值的现象。只有加快我国科技成果转化的速度，才能加速我国的技术转移与扩散，让先进技术真正发挥作用，从而抵御跨国公司垄断先进技术给我们带来的冲击。

3）探讨技术创新模式。引进技术再创新的模式前面总结了有三种，技术超越创新模式如何结合本企业自身的特点，走诸如奔流创新模式的问题，是一件值得企业在研发前仔细考虑的大事。

4）改进人才政策。现代企业竞争的核心是创新，创新的根本是人才。跨国公司在华设立研发机构，对我国最大的冲击莫过于对我国人才的冲击，造成大量人才流入跨国公司成为国外企业的人才资源。因此，要增强我国企业的竞争力和研发水平，就必须调整我们的人才政策，吸引国内外的优秀人才，扼制人才外流的趋势。我们要设法形成尊重知识、尊重人才的社会氛围，切实解决高级技术人才的社会地位、工作条件以及经济待遇，为其创造良好的工作与生活环境，鼓励其进行科技发明。为此，我们应当废除过时或不合理的政策，以及落后的用人观，并且借鉴跨国公司研发机构的用人之道，树立我国企业对研发人才的正确观念，使我国企业走上一条依靠科技进步的发展道路。

5）研发的组织与管理。技术引进要想进入良性循环，企业家最重视和最关心的问题就是研发的组织与管理，因为在技术引进良性循环过程中，技术创新是核心。技术创新说到底还是制度问题。没有良好的制度环境，就难有独立、自由、宽松的研发环境，也就难以催生创新精神，从而难以产生创新成果。因此要从总体上整合创新要素，构建企业创新体系，提供持续创新的组织保障。

4. 技术引进良性循环的机制构成

技术引进是一个国家，特别是发展中国家促进产业结构升级的重要手段。建立技术引进良性循环的机制，是推动和保障技术引进良性循环的关键。根据企业知识生态系统可持续发展理论，要使企业各部门之间、员工之间、企业与外部环境之间的知识得以交流，保证系统绩效总目标的知识状态最优化，就要建立协调机制，把前面提到的企业和政府各自的职责有效串联起来，破除各部门间条块分割的壁垒，搭建技术引进、消化吸收和创新扩散良性循环的平台。技术引进良性循环机制构成如图 7-2 所示。

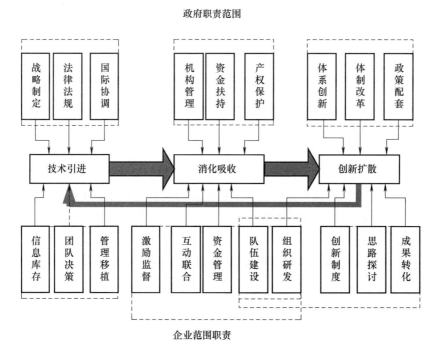

图 7-2　技术引进良性循环机制构成图

本 章 小 结

技术引进系统要实现良性循环，建立和改善技术引进系统内的运行机制非常关键。本章介绍了提升引进技术的四种可能路径，界定了技术引进系统处于良性循环的标准，并对技术引进良性循环过程进行了分类，重点探讨了基于可持续发展理论的技术引进良性循环的保障机制。

第 8 章

结论与展望

8.1 研究结论

技术引进是目前我国发展经济、提高技术水平的一种重要途径，技术引进消化吸收再创新工作不完善，严重制约了我国现代化的进程。因此，本研究基于生态理论，对技术引进消化吸收再创新系统进行了较深入的研究，研究的主要内容与结论有：

1）找出了我国技术引进消化吸收中存在的限制因子。技术引进在很多企业中成效不大的原因之一是没有完全挖掘出影响技术消化吸收的限制因子。技术引进是一个复杂系统，为了实现技术引进的复杂系统进入良性循环，本研究借鉴 IDEF0 方法为查找限制因子提供了工具，结合数控机床案例分析，挖掘出我国技术引进消化吸收的限制因子，并对限制因子的作用机理进行了分析。

2）对技术消化吸收的本质进行了研究。在系统分析技术消化吸收的概念和系统构成的基础上，应用知识生态学理论对消化吸收的本质进行研究，认为知识内化是技术消化吸收的本质所在。

3）建立了企业知识生态系统技术消化吸收风险投资决策模型。引进的技术是否需要消化吸收，这是企业经营决策的问题。本研究对消化吸收可能存在的三大类市场风险生态特征进行了分析，在此基础上，应用信息生态理论，对信息的价值与决策的关系进行了剖析，最后借鉴应用标准投资组合模型给出了技术消化吸收的决策模型，以帮助企业是否需要对引进的技术进行消化吸收做出正确的投资决策。

4）针对我国引进技术消化吸收的工作中，部分企业存在的技术剽窃的现象，本研究应用知识生态理论中侵权和维权的相关内容，建立了消化吸收者和剽窃者间的博弈模型，在深入分析的基础上，提出了如何保护自己知识产权，尊重他人知识产权的对策与建议，以促进引进技术消化吸收工作顺利进行。

5）为了充分发挥技术引进的后发优势，应用企业知识生态系统中生态文化、金融生态和人才生态的相关理论，建立了由研发中心、技术预测、实施流程组成三位一体的技术消化吸收系统的操作模式。

6）构造了消化吸收结果定量动态评价模型。我国引进技术消化吸收的效果不佳的一个重要原因是缺乏对其结果的定量评价，应用相似系统理论构造出消化吸收结果动态定量评价模型，为实现对技术消化吸收结果的定量评价提供了方法与工具。

7）提出了技术引进的新模式——奔流创新。首先介绍了技术引进消化吸收再创新的三种模式，然后应用生态位理论从技术超越模式中衍生出了奔流创新的新模式，并对奔流创新的模式进行较详细的论述，最后通过对 ZPMC 技术创新的实证分析，说明了这种创新思想在实践中是可行的。

8）建立了技术引进的良性循环机制。在对技术引进过程进行系统分析的基础上，基于企业知识生态系统可持续发展的理论，从政府和企业两个层面，构建了保障引进技术良性循环的机制。

8.2　创新点

本研究在以下几个主要方面取得了突破：

1）目前应用生态学发展非常迅速，在很多行业中取得良好的应用效果。因此，本研究基于生态理论，对我国在技术引进消化吸收再创新的工作进行了研究，以促进我国技术引进工作进入良性循环，这是研究手段上的一大亮点。

2）在对技术消化吸收限制因子研究的基础上，本研究基于企业知识生态系统相关理论，构建了促进技术消化吸收的企业知识生态系统的运作体系，从而填补了这一研究领域的不足。

3）目前国内外对引进技术消化吸收的绩效评价，很大程度上还处于一种静态的考核，也可以说是一种终结考核。而本研究应用相似系统理论，提出了引进技术消化吸收结果评价的实时动态定量模型。

4）本研究应用生态位分离理论，从技术超越模式里衍生出奔流创新这一新模式。因为奔流创新有其独特的优势，能完成企业资源的高效配置，符合发展中国家，尤其是我国的国情，对我国企业提升技术创新水平具有一定的参考价值。

8.3　研究展望

　　1）本研究在对技术引进系统的研究中，对该系统中的另一个要素——技术中介的作用关注较少，实际上它在引进技术走上良性循环过程中也发挥着很大作用，是一个值得今后研究的方向。

　　2）引进技术的消化吸收与企业的现有能力息息相关，企业在进行技术引进消化吸收时，如何确定每个限制因子应控制的区间和临界值是今后另一个值得继续研究的方向。

后　记

本书是我多年科学研究的总结与凝练。从最初的构思到形成初稿，再到修改及最终定稿，一步步走来，我甚觉艰辛，亦深感欣慰，从一开始的迫不及待到现在的恋恋不舍，回想起来每一次对书稿的推敲与斟酌、修改与完善，那种感觉就像是和一位"老朋友"在沟通交流，而现在书稿即将付梓，有释然之情，更有种依依不舍的感慨。

书稿的顺利完成，首先要衷心感谢中国工程院院士杨善林教授的悉心指导与大力支持，并拨冗为本书作序。同时也要感谢杨院士团队核心成员对书稿的认真审阅与修改，并提出了富有建设性的建议。

其次，还要感谢安徽工业大学的各位同事，是他们，在科研工作中给予我极大的支持和帮助；是他们，开拓了我的视野，也使我的思路更加清晰、开阔。

我还要感谢我的家人以及朋友们，在本书写作的过程中，我很少有时间陪伴家人，是他们的理解、支持和鼓励给了我前进的动力。

最后感谢安徽工业大学相关部门对于本书出版的鼎力支持。

由于水平能力所限，不足之处在所难免，敬请包涵并提出宝贵建议。

汪和平

2018 年 10 月

附　　录

附录A　图　清　单

附录 B 表 清 单

参 考 文 献

［1］CAMPBELL D. ABELL M, MCGEORGE SCHOOL OF LAW. International technology transfer for profit ［M］. Deventer: Kluwer Law and Taxation Publishers, 1992.

［2］LANSITI MARCO. Technology integration: managing technological evolution in a Complex Enviroment ［J］. Research Policy, 1995, 24 (5): 521-542.

［3］XU Q R, CHEN J, G B. Perspective of technological innovation and technology management in China ［J］. Journal of Industrial Engineering & Engineering Management, 1997, 45 (4): 381-387.

［4］LIN B W. Technology transfer as technological learning: a source of competitive advantage for firms with limited R&D resources ［J］. R & D Management, 2010, 33 (3): 327-341.

［5］ROGERS E M. Diffusion of Innovations ［M］. 5th ed. New York: The Free Press, 2003.

［6］MANSFIELD E. Academic research and industrial innovation ［J］. Social Science Electronic Publishing, 1998, 20 (3): 295-296.

［7］JAMES D D. Accumulation and Utilization of Internal Technological Capabilities in the Third World ［J］. Journal of Economic Issues, 1988, 22 (2): 339-353.

［8］ENOS J L. Transfer of technology ［J］. Asian-Pacific Economic Literature, 1989, 3 (1): 2-36.

［9］斋藤优. 当今世界中小企业的现状及发展 ［J］. 中外管理, 1997 (2): 19-21.

［10］MARGOLIS R. Understanding Technological Innovation in the Energy Sector: The Case of Photovoltaics ［D］. Princeton: Princeton University, 2002.

［11］ABRAMOWITZ. Transnational corporations: an examination of the consequences for society ［D］. Manhattan: Kansas State University, 1986.

［12］MATHEWS J A. Competitive Advantages of the Latecomer Firm: A Resource-Based Account of Industrial Catch-Up Strategies ［J］. Asia Pacific Journal of Management, 2002, 19 (4): 467-488.

［13］COHEN W M, LEVINTHAL D A. Innovation and Learning: The Two Faces of R & D ［J］. Economic Journal, 1989, 99 (397): 569-596.

［14］CRISCUOLO P, NARULA R. A novel approach to national technological accumulation and absorptive capacity: aggregating Cohen and Levinthal ［J］. European Journal of Development Research, 2008, 20 (1): 56-73.

［15］GEORGE G, ZAHRA S A, WHEATLEY K K, et al. The effects of alliance portfolio characteristics and absorptive capacity on performance : A study of biotechnology firms ［J］. Journal of High Technology Management Research, 2001, 12 (2): 205-226.

［16］ZAHRA S A, GEORGE G. Absorptive Capacity: A Review, Reconceptualization, and Extension ［J］. Academy of Management Review, 2002, 27 (2): 185-203.

［17］NONAKA I, TOYAMA R. The knowledge-creating theory revisited: knowledge creation as a synthesizing process ［J］. Knowledge Management Research & Practice, 2003, 1 （1）: 2-10.

［18］ NARULA, RAJNEESH. Understanding absorptive capacities in an "innovation systems" context: consequences for economic and employment growth ［J］. Druid Working Papers, 2004, 4 （2）.

［19］ TODOROVA G, DURISIN B. Absorptive Capacity: Valuing a Reconceptualization ［J］. Academy of Management Review, 2007, 32 （3）: 774-786.

［20］ LEVABA S. Managing absorptive capacity stocks to improve performance: Empirical evidence from the turbulent environment of Israeli hospitals ［J］. European Management Journal, 2009, 27 （1）: 13-25.

［21］ LAPAN H E, BARDHAN P. Localized Technical Progress and Transfer of Technology and Economic Development ［J］. Journal of Economic Theory, 1973, 6 （6）: 585-595.

［22］ COHEN W, LEVINTHAL D. A new perspective on learning and innovation ［J］. Administrative Science Quarterly, 1990, 35 （1）: 128-152.

［23］ DAS G G. Who leads and who lags? Technology Diffusion, E-commerce and Trade Facilitation in a model of Northern hub vis-a-vis Southern spokes ［J］. Journal of Economic Integration, 2007, 22 （4）: 929-972.

［24］ MOHAMED A S, SAPUAN S M, AHMAD M M H M, et al. Modeling the technology transfer process in the petroleum industry: Evidence from Libya ［J］. Mathematical & Computer Modelling, 2012, 55 （3）: 451-470.

［25］ ANDREA MORRISON, CARLO PIETROBELLI, ROBERTA RABELLOTTI. Global Value Chains and Technological Capabilities: A Framework to Study Learning and Innovation in Developing Countries ［J］. Oxford Development Studies, 2008, 36 （1）: 39-58.

［26］ SIMONIN B L. Ambiguity and the process of knowledge transfer in strategicalliances ［J］. Strategic Management Journal, 2015, 20 （7）: 595-623.

［27］ KAJOGBOLA D O. The Impact of Information Technology on the Nigerian Economy: A Study of Manufacturing and Services Sectors in the South Western and South Eastern Zones of Nigeria ［R］. Nairobi: African Technology Policy Studies Network, 2004.

［28］ KIM L, DAHLMAN C J. Technology policy for industrialization: An integrative framework and Korea's experience ［J］. Research Policy, 1992, 21 （5）: 437-452.

［29］ LEONARD-BARTON D. Wellsprings of Knowledge: Building and Sustaining the Sources of Innovation ［J］. Social Science Electronic Publishing, 2009, 22 （5）: 401-402.

［30］ GRIFFITH R, REDDING S, REENEN J V. Mapping the Two Faces of R&D: Productivity Growth in a Panel of OECDIndustries ［J］. Review of Economics & Statistics, 2004, 86 （4）: 883-895.

［31］ COHEN W, LEVINTHAL D. Innovation and Learning: The Two Faces of R&D ［J］. Economic Journal, 1989, 99 （9）: 569-596.

［32］ LEVINTHAL D, COHEN M D. Absorptive capacity: a new perspective in innovation. ［J］. Administrative Science Quarterly, 1990, 35 （1）: 128-152.

［33］KINOSHITA Y. R&D and Technology Spillovers via FDI: Innovation and Absorptive Capacity ［J］. CEPR Discussion Papers, 2001 (349).

［34］HUNG S W, TANG R H. Factors affecting the choice of technology acquisition mode: An empirical analysis of the electronic firms of Japan, Korea and Taiwan ［J］. Technovation, 2008, 28 (9): 551-563.

［35］CASELLI F, COLEMAN W J. Cross-Country Technology Diffusion: The Case of Computers ［J］. American Economic Review, 2001, 91 (2): 328-335.

［36］GRIFFITH R, REDDING S J, SIMPSON H. Productivity Convergence and Foreign Ownership at the Establishment Level ［J］. IFS Working Paper, 2002 (2): 22.

［37］XU B. Multinational enterprises, technology diffusion, and host country productivity growth ［J］. Social Science Electronic Publishing, 1999, 62 (2): 477-493.

［38］FURMAN J L, HAYES R. Catching up or standing still?: National innovative productivity among "follower" countries, 1978-1999 ［J］. Research Policy, 2004, 33 (9): 1329-1354.

［39］FALVEY R, FOSTER N, GREENAWAY D. Relative backwardness, absorptive capacity and knowledge spillovers ［J］. Economics Letters, 2007, 97 (3): 230-234.

［40］LIU X, BUCK T. Innovation performance and channels for international technology spillovers: Evidence from Chinese high-tech industries ［J］. Research Policy, 2007, 36 (3): 355-366.

［41］KUO C C, YANG C H. Knowledge capital and spillover on regional economic growth: Evidence from China ［J］. China Economic Review, 2008, 19 (4): 594-604.

［42］NIELS HERMES, ROBERT LENSINK. Foreign direct investment, financial development and economic growth ［J］. Journal of Development Studies, 2003, 40 (1): 142-163.

［43］CHOONG C K, YUSOP Z, SOO S C. Foreign Direct Investment, Economic Growth, and Financial Sector Development: A Comparative Analysis ［J］. Journal of Southeast Asian Economies, 2004, 21 (3): 278-289.

［44］LI P C, CHEN Y C. How does social orientation influence R&D-marketing collaboration? ［J］. Asia Pacific Journal of Management, 2012, 29 (1): 151-168.

［45］ODEN H W. Managing Corporate Culture, Innovation, and Intrapreneurship ［J］. Quorum Books, 1997, 74 (2): 30-32.

［46］KOTTER J. Leading change: why transformation efforts fail ［J］. Harvard Business Review, 1995, 35 (3): 42-48.

［47］BOSCH F A J V D, VOLBERDA H W, BOER M D. Co-evolution of Firm Absorptive Capacity and Knowledge Environment: Organizational Forms and Combinative Capabilities ［J］. Organization Science, 1999, 10 (5): 551-568.

［48］TETHER B S. Who co-operates for innovation, and why: An empirical analysis ［J］. Research Policy, 2002, 31 (6): 947-967.

［49］张幼文. 新开放观: 对外开放理论与战略再探索 ［M］. 北京: 人民出版社, 2007.

［50］肖利平, 谢丹阳. 国外技术引进与本土创新增长: 互补还是替代——基于异质吸收能

力的视角 [J]. 中国工业经济, 2016 (9)：75-92.

[51] 唐未兵, 傅元海, 王展祥. 技术创新、技术引进与经济增长方式转变 [J]. 经济研究, 2014, 49 (7)：31-43.

[52] 余泳泽. 我国技术进步的路径选择研究 [D]. 天津：南开大学, 2012.

[53] 毛旻旸. 企业技术引进再创新能力评价的指标体系研究 [D]. 南京：南京理工大学, 2007.

[54] 罗豫, 朱斌. 区域产业技术引进消化吸收再创新能力比较研究 [J]. 科技进步与对策, 2012, 29 (7)：47-53.

[55] 孙婧. 企业吸收能力与技术创新关系实证研究 [D]. 长春：吉林大学, 2013.

[56] 林虹. 我国技术引进的发展、问题与对策 [D]. 大连：东北财经大学, 2011.

[57] 王国顺, 李清. 基于吸收能力的跨国公司知识转移过程研究 [J]. 武汉大学学报（哲学社会科学版）, 2006, 59 (6)：762-766.

[58] 王雎. 吸收能力的研究现状与重新定位 [J]. 外国经济与管理, 2007, 29 (7)：1-8.

[59] ROSNAH M Y, AHMAD M M H M, OSMAN M R. Barriers to advanced manufacturing technologies implementation in the small and medium scales industries of a developing country [J]. International Journal of Engineering and Technology, 2004, 1 (1)：39-46.

[60] PATEL P, PAVITTI K. The Nature and Economic Importance of National Innovation Systems [J]. OECD Science, 1994, 29 (9)：24-27.

[61] ENSIGN P C, HÉBERT L. Competing explanations for knowledge exchange：Technology sharing within the globally dispersed R&D of the multinational enterprise [J]. Journal of High Technology Management Research, 2009, 20 (1)：75-85.

[62] BOUTELLIER R, GASSMANN O, ZEDTWITZ M V. Managing global innovation：uncovering the secrets of future competitiveness [J]. Boletines y trabajos-Sociedad de Cirugía de Buenos Aires, 2008, 38 (7)：265-266.

[63] 吴延兵. 不同所有制企业技术创新能力考察 [J]. 产业经济研究, 2014 (2)：53-64.

[64] 吴贵生. 技术创新管理：中国企业自主创新之路 [M]. 北京：机械工业出版社, 2011.

[65] 刘享平. 美日技术创新比较及对我国企业技术创新的启示 [J]. 科技进步与对策, 2007 (8)：136-138.

[66] 傅利平, 刘洁. 战略性新兴产业技术跨越能力实证研究 [J]. 科学管理研究, 2013, 31 (2)：31-34.

[67] BANKS G P. Exploring Small-Business Change and Strategic Adaptation in an Evolving Economic Paradigm [J]. Dissertations & Theses-Gradworks, 2013.

[68] HASHAI N. Knowledge Flows and the Modelling of the Multinational Enterprise [J]. Journal of International Business Studies, 2007, 38 (4)：639-657.

[69] VONNE LUND, RAYMOND ANTHONY, HELENA ROCKLINSBERG. The Ethical Contract as a Tool in Organic Animal Husbandry [J]. Journal of Agricultural and Environmental Ethics, 2002, 17 (1)：23-49.

［70］郑展鹏．国际技术溢出渠道对我国技术创新影响的比较研究——基于省际面板数据模型的分析［J］．科研管理，2014，35（4）：18-25．

［71］陈阳阳．OFDI 逆向技术溢出对我国技术创新能力的影响研究［D］．长春：吉林大学，2014．

［72］王华，赖明勇，柴江艺．国际技术转移、异质性与中国企业技术创新研究［J］．管理世界，2010（12）：131-142．

［73］国胜铁．中国技术引进的产业结构优化效应研究［D］．长春：东北师范大学，2015．

［74］汤萱．技术引进影响自主创新的机理及实证研究——基于中国制造业面板数据的实证检验［J］．中国软科学，2016（5）：119-132．

［75］张同健，蒲勇健．互惠性偏好、隐性知识转化与技术创新能力的相关性研究——基于研发型团队的数据检验［J］．管理评论，2010，22（10）：100-106．

［76］吴彤，李建庄．对美国制造业重振雄风的政策认知过程的系统透视［J］．清华大学学报（哲学社会科学版），2003（2）：55-64．

［77］CHOW P C Y. Trade and Industrial Development in East Asia［J］．Books, 2012.

［78］KIYOSHI KOJIMA. Direct Foreign Investment：A Japanese Model of Multinational Business Operations［J］．Review of World Economics, 1978, 151（3）：433-460.

［79］LAI L C. Competition for foreign direct investment in the product cycle［J］．Japan & the World Economy, 2001, 13（1）：61-81.

［80］THOMPSON P, ZANG W. Foreign direct investment and the SME sector［J］．International Journal of Entrepreneurial Behavior & Research, 2015, 21（1）：50-75.

［81］魏洁云．中国高技术产业创新效率及创新路径研究［D］．南京：南京航空航天大学，2014．

［82］ANDREA MORRISON, CARLO PIETROBELLI, ROBERTA RABELLOTTI. Global Value Chains and Technological Capabilities：A Framework to Study Learning and Innovation in Developing Countries［J］．Oxford Development Studies, 2008, 36（1）：39-58.

［83］YIHCHYI CHUANG, PIFUM HSU. FDI, trade, and spillover efficiency：evidence from China's manufacturing sector［J］．Applied Economics, 2004, 36（10）：1103-1115.

［84］高锡荣，罗琳．从专利实施许可数据的突变看中国创新能力的状态演进［J］．中国科技论坛，2015（4）：17-23．

［85］高锡荣，罗琳．中国创新转型的启动证据——基于专利实施许可的分析［J］．科学学研究，2014，32（7）：996-1002．

［86］SMEDS R. Management of Enterprise Evolution：Evolution Management Principles and Methods for Learning organizations［M］．Helsinki：Teknillinen Korkeakoulu, 1996.

［87］HISTORY B. Waves of change：Business evolution through information technology-McKenney, JL, Copeland, DG, Mason, RO［J］．Europcan Urban & Regional Studies, 2015, 22（3）：316-328.

［88］FAN H L, CHENG Y. Industry Ecology：A Perspective on Enterprise Competition［J］．China

Industrial Economy, 2004, 29 (5)：318-320.

［89］TAKAMATSU YUJI, AGAGAWA FUMIO, ISHIBASHI AKIRA, et al. Business Evolution through CALS ［J］. Hitachi Hyoron, 1997, 79 (5)：431-436.

［90］周凯，刘成颖. 现代制造系统 ［M］. 北京：清华大学出版社，2005.

［91］卜英勇，黄剑飞，叶玉全，等. 基于 IDEF 与 UML 的系统建模方法及映射规则研究 ［J］. 微计算机信息，2010，26 (18)：16-18.

［92］LASOTA A, MACKEY M C. Chaos, fractals, and noise：stochastic aspects of dynamics ［M］. Berlin：Springer-Verlag, 1994.

［93］LEO P KADANOFF. From Order To Chaos Ⅱ ［M］. Singapore：World Scientific, 1999.

［94］CONTRACTOR N S, ZINK D, CHAN M. IKNOW：A Tool to Assist and Study the Creation, Maintenance, and Dissolution of Knowledge Networks ［M］//Ishida T. Community Computing and Support Systems. Berlin：Springer, 1998.

［95］Johannsen C G. Total quality management in a knowledge management perspective ［J］. Journal of Communication, 2000, 56 (1)：425-432.

［96］RENE VAN BERKEL, MARIJE LAFLEUR. Application of an industrial ecology toolbox for the introduction of industrial ecology in enterprise-II ［J］. Joural of Cleaner Production, 1997 (5)：27-37.

［97］李涛，李敏. 知识、技术与人的互动：知识生态学的新视角 ［J］. 科学学与科学技术管理，2001，22 (9)：27-30.

［98］ZHOU MEILI. Principles and practice of similarity systems theory ［J］. International Journal of General Systems, 1994, 23 (1)：39-48.

［99］陆孝云. 相似学 ［M］. 北京：北京邮电大学出版社，2013.

［100］GLOBERMAN S. Technological Diffusion in the Canadian Tool and Die Industry ［N］. Review of Economics and Statistics, 1975, 37 (2)：24-30.

［101］CASELLI F, COLENMAN W J. Cross-Country Technology Diffusion：The Case of Computers ［J］. American Economic Review. 2001, 91 (2)：328-335.

［102］WANG H P, WANG F Y. Research on Mechanism for Virtuous Circle of Technological Import ［J］. Advanced Materials Research, 2012, 442：114-118.

［103］LIM I J, SANG M L, LEE J. A Study on the Success Factors of Technology Transfer and Commercialization in the High-Technology Industry：Collaboration between KETI and Probe Card Company ［J］. Journal of Korea Technology Innovation Society, 2014, 17：490-518.

［104］Jeremy D J. The Transfer of International Technology ［M］. Cheltenham：Edward Elgar Publishing 1992.

［105］NIOSI J E, ZHEGU M. Multinational Corporations, Value Chains and Knowledge Spillovers in the Global Aircraft Industry ［J］. Institutions & Economies, 2010, 2 (2)：109-141.

［106］唐未兵，傅元海. 科技投资、技术引进对经济增长集约化的动态效应——基于状态空间模型的变参数估计 ［J］. 中国软科学，2014 (9)：172-181.

［107］杨艳勇．后危机时期日本产业结构演进研究［D］．北京：外交学院，2013．

［108］GORG H, STROBL E. Multinational companies and indigenous development：An empirical analysis［J］．European Economic Review, 2002, 46（7）：1305-1322.

［109］徐慧雄．技术改造对我国制造业升级的作用机制研究［D］．南京：南京大学，2016．

［110］吴贵生，张洪石，李纪珍．技术引进与自主创新：边界划分过程转换和战略措施［M］．北京：知识产权出版社，2010．

［111］THENAIL C, BAUDRY J. Farm Riparian Land Use and Management：Driving Factors and Tensions Between Technical and Ecological Functions［J］．Environmental Management, 2005, 36（5）：640-653.

［112］GREGG MITMAN. ROBERT E. Kohler, Landscapes and Labscapes：Exploring the Lab-Field Border in Biology［J］．Journal of the History of Biology, 2003, 36（3）：599-612.

［113］薛海涛．基于企业生态位的企业竞争战略选择［D］．天津：天津大学，2012．

［114］蒋国平．基于隐性知识创造的突破性技术创新机理研究［D］．天津：南开大学，2010．

［115］李光泗，徐翔．技术引进、市场结构、研发效率与二次创新［J］．财经研究，2007（5）：116-125.

［116］KESSLER C J, PORTER T H, FIRTH D, et al. Factor analysis of trends in Texas acidic deposition［J］．Atmospheric Environment, 2016, 26（6）：1137-1146.

［117］SUN P. The Application of Factor Analysis in the Study on Cultural Industry Competitiveness Evaluation Index System［J］．Advanced Materials Research, 2014, 989-994（3）：5132-5135.

［118］JUNGBACKER B, KOOPMAN S J. Likelihood-based dynamic factor analysis for measurement and forecasting［J］．Econometrics Journal, 2014（17）：1-21.

［119］CAPRARA G V, BARBARANELLI C, COMREY A L. Factor analysis of the NEO-PI inventory and the Comrey Personality Scales in an Italian sample［J］．Personality & Individual Differences, 1995, 18（2）：193-200.

［120］王旭．SPSS 数据处理与分析［M］．北京：人民邮电出版社，2016．

［121］苏甫．基于后发优势的中国追赶战略研究［D］．武汉：武汉大学，2014．

［122］曹玉平．基于技术创新的战略性贸易政策与我国比较优势升级研究［D］．武汉：华中科技大学，2012．

［123］倪明，徐福缘．基于 IDEF0 方法的企业信息化建设复杂系统模型［J］．系统工程，2005, 23（3）：69-74.

［124］汪和平，钱省三．企业技术引进复杂系统分析方法探讨［J］，科研管理，2007, 2.

［125］LI Q, CHEN Y L. Modeling and Analysis of Enterprise and Information Systems［M］．Heidelberg：Springer, 2009：98 122.

［126］韩旺．创新型企业技术创新能力的比较研究［D］．北京：北京工业大学，2012．

［127］别晓东．中国企业技术引进与自主创新的关系研究［D］．济南：山东大学，2017．

[128] 刘凤朝, 孙玉涛, 杨玲. 创新能力视角的中国技术引进及溢出研究述评 [J]. 科学学与科学技术管理, 2010, 31 (10): 41-46.

[129] 肖久灵, 颜光华. 组织知识内化的学习机制研究 [J]. 科学学与科学技术管理, 2006 (6): 164-168.

[130] 杨燕, 高山行. 企业知识内化对合作中技术转移的影响研究 [J]. 科研管理, 2012, 33 (5): 70-78.

[131] 吴凯, 蔡虹, 蒋仁爱. 中国知识产权保护与经济增长的实证研究 [J]. 科学学研究, 2010, 28 (12): 1832-1836.

[132] 冯立威. 博弈论与信息经济学 [J]. 中国信息导报, 2004 (8): 29-30.

[133] 约翰·纳什. 纳什博弈论论文集 [M]. 张良桥, 王晓刚, 译. 北京: 首都经济贸易大学出版社, 2015.

[134] 汪和平, 钱省三. 引进技术消化吸收中的知识产权保护研究 [J]. 科学学研究, 2006 (5): 747-749.

[135] 安春明. 以知识管理为核心的企业知识产权管理体系构建研究 [J]. 情报科学, 2009 (5): 668-671.

[136] LARSES O, ELKHOURY J. Views on General System Theory [J]. Electrical Engineering, Electronic Engineering, Information Engineering, 2005.

[137] DA FONSECA JUNIOR, JOSE DE RIBAMAR LIMA. Electronic Governance and Democracy [J]. OIDA International Journal of Sustainable Development, 2010, 2 (2): 89-96.

[138] CHRISTIAN GOLLIER. The economics of risk and time [M]. Cambrige: MIT Press. 2000, 12.

[139] GOLLIER C. The economics of risk and time [M]. Cambrige: MIT Press, 2001.

[140] MIAO J. Ambiguity, Risk and Portfolio Choice under Incomplete Information [J]. Annals of Economics and Finance, 2009 (10): 257-279.

[141] LÜTHI H J, DOEGE J. Convex risk measures for portfolio optimization and concepts of flexibility [J]. Mathematical Programming, 2005, 104 (2-3): 541-559.

[142] ARROW K J. Discounting climate change: Planning for an uncertain future [D]. Toulouse: University of Toulouse, 1994.

[143] DUBRA J, ECHENIQUE F. Monotone Preferences Over Information [J]. Topics in Theoretical Economics, 2001, 1 (1): 1033-1033.

[144] 汪和平, 钱省三. 基于信息的消化吸收决策风险分析 [J]. 商业研究, 2006, 343 (11): 25-29.

[145] 汪和平, 钱省三. 我国制造业技术引进后消化吸收模式探讨 [J]. 商业研究. 2006, 342 (10): 59-61.

[146] REID R S, THORNTON P K, MCCRABB G J, et al. Is it possible to mitigate greenhouse gas emissions in pastoral ecosystems of the tropics? [J]. Environment Development & Sustainability, 2004, 6 (1-2): 91-109.

[147] 吴成锋. 企业技术创新过程中知识管理与人才管理关键耦合域分析 [J]. 科技进步与

对策, 2013, 30（7）：151-155.

[148] 李文宇, 陈健生. 基于技术相似性指数的高技术产业知识溢出［J］. 中国科技论坛, 2011（6）：35-41.

[149] KALYANARAM G, ROBINSON W T, URBAN G L. Order of Market Entry：Established Empirical Generalizations, Emerging Empirical Generalizations, and Future Research［J］. Marketing Science, 1995, 14（3）：212.

[150] 周美立. 相似工程学［M］. 北京：机械工业出版社, 1998.

[151] 汪和平, 钱省三, 胡建兵. 我国技术引进后消化吸收结果定量评价模型［J］. 科学学研究, 2005, 23（b12）：110-112.

[152] 刘骏, 白秀英. 中国民营高科技企业技术引进模式研究［M］. 北京：科学出版社, 2016.

[153] MENDONÇA S. Brave old world：Accounting for "high-tech" knowledge in "low-tech" industries［J］. Research Policy, 2009, 38（3）：470-482.

[154] MARIN A, ARZA V. The Role of Multinational Corporations in National Innovation Systems in Developing Countries：From Technology Diffusion to International Involvement［J］. Pflügers Archiv European Journal of Physiology, 2015, 296（3）：511.

[155] 张江雪, 蔡宁, 毛建素, 等. 自主创新、技术引进与中国工业绿色增长——基于行业异质性的实证研究［J］. 科学学研究, 2015, 33（2）：185-194.

[156] YAM R C M, LO W, TANG E P Y, et al. Analysis of sources of innovation, technological innovation capabilities, and performance：An empirical study of Hong Kong manufacturing industries［J］. Research Policy, 2011, 40（3）：391-402.

[157] BERGEK A, JACOBSSON S, BO C, et al. Analyzing the functional dynamics of technological innovation systems：A scheme of analysis［J］. Research Policy, 2008, 37（3）：407-429.

[158] POLECHOVÁ J, STORCH D. Ecological Niche［J］. Encyclopedia of Ecology, 2008（1）：1088-1097.

[159] YAN A, QING-LI D A. Study of Enterprise' niche and its motile selection［J］. Journal of Southeast University Philosophy & Social Science Edition, 2005.

[160] 许芳, 李建华. 企业生态位原理及模型研究［J］. 中国软科学, 2005（5）：130-139.

[161] 李光泗, 朱丽莉. 引进技术二次创新内生系统分析［J］. 科研管理, 2010, 31（02）：50-56.

[162] 赵丽霞. 基于生态位的高新技术企业竞争战略选择研究［D］. 青岛：中国海洋大学, 2015.

[163] HANNAN M T, Carroll GR, Pólos L. The Organizational Niche［J］. Sociological Theory, 2003, 21（4）：309-341.

[164] 闫安, 达庆利. 企业生态位及其能动性选择研究［J］. 东南大学学报（哲学与社会科学版）, 2005, 7（2）：62-65.

[165] 董颖. 企业生态创新的机理研究［D］. 杭州：浙江大学, 2011.

［166］胡振华，张宁辉．基于生态位构建的企业动态核心竞争力分析［J］．当代财经，2010
　　　（2）：68-73.

［167］汪和平，钱省三．我国制造业技术创新思路探讨［J］．科学学研究，2005，23（S1）：
　　　240-243.

［168］王华，赖明勇，柴江艺．国际技术转移、异质性与中国企业技术创新研究［J］．管理
　　　世界，2010（12）：131-142.

［169］龚月明．从装卸桥配置看集装箱化的发展［J］．集装箱化，2003（5）：4-8.

［170］GREEN R，LIYANAGE S，PITSIS T，et al. The OECD Innovation Strategy：Getting a Head
　　　Start on Tomorrow［R］．Paris：Organisation for Economic Co-operation and Development，
　　　2010.

［171］BOLAND，MICHAEL A，AKRIDGE，et al. Undergraduate A business Programs：Focus or
　　　Falter?［J］．Review of Agricultural Economics，2010，26（4）：564-578.

［172］崔淼，苏敬勤．技术引进与自主创新的协同：理论和案例［J］．管理科学，2013，26
　　　（2）：1-12.

［173］董洁．论技术引进与自主创新的协同发展［J］．科学学与科学技术管理，2007，28
　　　（4）：175-176.

［174］ZANFORLIN L. Technological Adaptation，Trade，and Growth［C］．Washington D. C.：
　　　International Monetary Fund，2000.

［175］PRESTON P，CAWLEY A. Broadband development in the European Union to 2012—A virtuous
　　　circle scenario［J］．Futures，2008，40（9）：812-821.

［176］GOLDBERG I，BRANSTETTER L，GODDARD J G，et al. Globalization and Technology
　　　Absorption in Europe and Central Asia the Role of Trade，FDI，and Cross-Border Knowledge
　　　Flows paper［J］．Social Science Electronic Publishing，2008：1-123.

［177］NIU W Y，HARRI M. China：The Forecast of It's Environment Situation in the 21st century
　　　［J］．Joural of Environmental Management，1996，47（2）：101-144.

［178］FUKUDA K，WATANABE C. A Perspective on Frugality in Growing Economies：Triggering a
　　　Virtuous Cycle between Consumption Propensity and Growth［J］．Journal of Technology
　　　Management for Growing Economies，2011，2（2）：79.

［179］WATANABE C，ASGARI B，NAGAMATSU A. Virtuous cycle between R&D，functionality
　　　development and assimilation capacity for competitive strategy in Japan's high-technology
　　　industry［J］．Technovation，2003，23（11）：879-900.

［180］WANG H P，WANG F Y. Research on Mechanism for Virtuous Circle of Technological Import
　　　［J］．Advanced Materials Research，2012，442：114-118.

［181］蒋涛．我国技术引进的现状分析和发展对策——以触控技术引进为例［D］．北京：对
　　　外经济贸易大学，2013.

［182］李平，李蕾蕾．基础研究对后发国家技术进步的影响——基于技术创新和技术引进的
　　　视角［J］．科学学研究，2014，32（5）：677-686.